Comment la France raconte-t-elle son passé à ses jeunes ?

Education nationale : enquête sur l'évolution de l'enseignement de l'Histoire

Alexis GRIMAUD

Mentions Légales

Titre du livre : Comment la France raconte-t-elle son passé à ses jeunes ?
Auteur : Alexis GRIMAUD

Code ISBN : 9798865309123
Marque éditoriale : Independently published

Dépôt légal BNF novembre 2023

Mes pensées sont dirigées vers mes défunts grands-parents
Lucien GRIMAUD, Odette et Robert PONCEAU.

SOMMAIRE

REMERCIEMENTS

Je tiens à remercier toutes les personnes qui ont contribué de près ou de loin à la réalisation de cet ouvrage.

Plus particulièrement, j'aimerais remercier :

- Ma femme pour sa patience, son implication et son dévouement tout au long de mes travaux
- Ma famille, qui en plus de m'avoir doté d'une éducation digne, pour son soutien et ses relectures
- Mes collègues qui ont réalisé les questionnaires et partagé leurs avis et conseils sur mes recherches.

Evidemment, je tiens à exprimer plus largement ma reconnaissance à toutes les personnes qui ont contribué au projet.

Enfin, je souhaite adresser un merci particulier aux lecteurs, qui donnent vie à ces mots en les faisant leurs.

INTRODUCTION

Motivations de l'étude

Trois principales motivations m'ont amené à me lancer dans la réalisation de cette étude.

Ma première motivation était la volonté d'accroître et d'approfondir mes connaissances sur l'Histoire et plus particulièrement sur l'histoire de France. Depuis plusieurs années j'ai entrepris d'étudier, selon une approche chronologique, l'histoire de France en partant des temps préhistoriques jusqu'à aujourd'hui. J'ai alimenté mon apprentissage par de multiples sources d'information : des lectures, des documentaires, des reportages, des visites, des échanges et des ouvrages ciblés sur certaines périodes.

Alors que j'étudiais la fin de la dynastie des Mérovingiens et le début des Carolingiens, j'ai fait l'acquisition d'un ouvrage de Georges Minois intitulé *Charles Martel* aux éditions Perrin. Ce dernier a fait naître ma deuxième motivation : le constat d'appauvrissement des connaissances de l'histoire de France. Outre la richesse des descriptions, l'analyse approfondie des temps mérovingiens, la montée en puissance des Pippinides, l'évolution et les faits notables de Charles Martel, Georges Minois consacre la dernière partie de son ouvrage aux « Combats posthumes de Charles Martel ». L'auteur décrit l'effacement puis la disparition de Charles Martel au sein des enseignements de l'Education nationale et plus généralement le déclin de la mémoire et des héros de l'histoire de France. De manière similaire, en poursuivant mon apprentissage, force était de constater que mes connaissances globales et les grands repères cadres étaient restreints et que ceux de mon entourage (*i.e.,* amis, familles, collègues, connaissances, etc.) demeuraient limités. Sur ce dernier point, j'ai souhaité vérifier mes impressions avec des éléments factuels, c'est pourquoi j'ai conçu un questionnaire sur des événements structurants de l'histoire de France (*cf.* annexe D). Je l'ai distribué au plus grand nombre de personnes, afin de faire une enquête sur la population française avec un échantillon suffisamment représentatif. Le chapitre IV sera consacré à l'analyse des réponses aux questionnaires. Egalement, au-delà du souverain sur lequel porte l'ouvrage[1], Georges Minois établit l'examen plus global suivant : « Sa [ndlr. Charles Martel] disparition des programmes scolaires s'inscrit dans la volonté délibérée des dirigeants de l'Education nationale de dissoudre l'histoire de France dans une histoire multinationale et multiculturelle donnant la priorité aux grands courants socio-économiques au détriment des héros de l'« histoire-bataille ». Cette dernière n'avait certes pas que des qualités, mais le passage à l'excès inverse est-il vraiment un progrès ? Le multiculturalisme qui se met en place avec l'importance croissante des communautés d'origines diverses, vise à la réalisation d'une société « lisse », consensuelle, politiquement correcte, en réécrivant le passé national sous une forme irénique, invertébrée, désincarnée, idéalisée et aseptisée, exprimée dans un langage lénifiant, confinant à la langue de bois ». Conséquemment au constat d'appauvrissement des connaissances de l'histoire de France et à l'état des lieux formulé par Georges Minois dans son ouvrage, j'ai essayé d'en déterminer les causes.

Enfin, ma dernière motivation était le souhait de réaliser un projet, une création personnelle résultant d'un travail approfondi et documenté.

J'ai été désireux de réaliser une étude dont la problématique regroupe différentes thématiques, à savoir l'évolution de l'enseignement et l'histoire, domaines pour lesquels je porte un

---

[1] *Charles Martel*, Georges Minois. Edition Perrin (2020), page 336.

intérêt particulier. En outre, et sans doute ce qui rend cette étude possible, l'histoire est à la fois une des matières essentielles du cursus d'apprentissage de tous les élèves en France mais aussi la matière la plus sensible, la plus sujette à être orientée à des fins politiques. A titre d'illustration, l'apprentissage des mathématiques, des langues vivantes, de la physique-chimie ou encore de la SVT[2] ne peut être orienté – ou dans une moindre mesure – en fonction d'objectifs politiques. A la rigueur, l'apprentissage du français (notamment par la sélection des auteurs, des textes et des livres), de la géographie, de la philosophie ou de l'éducation civique peuvent être sujets à des agendas politiques. Néanmoins, j'ai focalisé mon analyse sur le domaine pour lequel j'ai le plus d'attrait et qui je pense, dispose de la latitude la plus conséquente pour orienter les jeunes élèves. Pour illustrer mes propos, prenons l'exemple de l'enseignement scolaire sous la Troisième République durant laquelle Ernest Lavisse[3] a joué un rôle important. Cet enseignement avait notamment pour objectif de développer le sentiment de patriotisme chez les jeunes citoyens français et surtout d'asseoir la légitimité de la République nouvellement instaurée depuis 1870.

En fin de compte, la propension de l'histoire en tant que matière scolaire à être l'objet d'instrument politique, d'adaptations orientées ou encore sujet par essence à subjectivité, suscite en moi une réelle curiosité. Egalement, j'analyse cette malléabilité de l'enseignement et de la matière, en identifiant les causes et en quantifiant les impacts. En d'autres termes, j'apporte du rationnel et du factuel à ces dynamiques.

---

[2] Science de la Vie et de la Terre.
[3] Ernest Lavisse (1842-1922) est un professeur et historien français. Il a été, entre autres, Directeur des études d'Histoire à la Sorbonne, directeur de l'Ecole Normale Supérieure et membre de l'Académie française. Il a rédigé plusieurs manuels scolaires à destination des jeunes élèves, notamment le « Petit Lavisse », dont le premier est paru en 1884.

Présentation de l'étude

L'étude se décline en cinq chapitres. Cette introduction est le lieu où sont présentés succinctement le cadre méthodologique, l'approche et les limites de chaque chapitre. Les présentations plus approfondies seront détaillées au début de chacun d'eux.

Le premier chapitre sera dédié à l'évolution des programmes scolaires, à savoir :

(i) Le choix des grandes thématiques et chapitres, leurs répartitions et leur place au sein des programmes seront décrits.

(ii) Les ajouts des nouveaux faits historiques seront identifiés. Entre 1945 et nos jours, plusieurs éléments historiques tels que la guerre froide, la guerre d'Indochine, la guerre d'Algérie, les événements de mai-68 ou encore la mise en place de la Quatrième et Cinquième République ont donné lieu à l'intégration de nouveaux chapitres ou des passages dédiés.

(iii) Conséquemment, les sorties seront identifiées. Autrement dit, quels sont les éléments retirés ou réduits de l'enseignement historique ?

Pour l'évolution des programmes scolaires, j'ai recherché les sources officielles, à savoir les bulletins officiels ou les informations issues du site de l'Education nationale. Pour les programmes plus anciens, ou ceux pour lesquels je ne suis pas parvenu à trouver le programme sur internet, j'ai repris ceux qui étaient écrits directement au sein des manuels que j'ai acquis, les programmes officiels étant rappelés. Le programme scolaire en vigueur à date[4] et l'articulation entre l'enseignement primaire et secondaire seront présentés.

Le deuxième chapitre représente le cœur de l'étude et m'a demandé le plus de temps de travail. Il portera sur l'analyse du

---

[4] Programme en vigueur à partir de la rentrée 2016, issu du Bulletin officiel spécial n° 11 du 26 novembre 2015.

contenu des programmes scolaires selon une approche quantitative. L'objectif sera de comptabiliser l'évolution des occurrences d'éléments historiques majeurs (personnages, batailles, faits). Ainsi, j'ai fait l'acquisition de l'ensemble des manuels scolaires de chaque classe et pour chaque nouveau programme depuis 1945. Pour donner un ordre de grandeur, cela représente plus de 40 manuels et plus de 11.000 pages analysées.

Le troisième chapitre sera dédié à l'évolution et l'historique du processus d'élaboration des programmes scolaires. Seront décrits : la période et le contexte politique, les principaux acteurs, les parties prenantes et les étapes successives d'élaboration. Dans cette démarche, je me suis appuyé sur des travaux que j'ai jugés pertinents, entre autres ceux de Patricia Legris[5] ou de Vincent Badré, professeur d'histoire-géographie. Nous verrons également les interventions exogènes au processus d'élaboration des programmes scolaires, en d'autres termes, l'immixtion du politique et des influences externes dans l'enseignement de l'histoire. Enfin, le processus d'élaboration des programmes scolaires à date sera décrit.

En fin de compte, les trois premiers chapitres comprennent l'analyse du cheminement ci-dessus : les parties prenantes de l'élaboration des programmes, leur conception (l'Etat, le ministre et les instances de production, la publication au Bulletin officiel) et leur déclinaison en manuels scolaires. Les seules étapes pour lesquelles je n'ai pas consacré d'analyse sont la relation manuel-professeur et professeur-élève (entouré ci-dessus). En effet, puisqu'il s'agit de relations humaines, elles incluent d'autres composantes qu'une étude factuelle ne peut analyser. Ainsi, j'ai complété mon analyse par des entretiens avec des professeurs d'histoire du collège, en exercice ou non, pour affiner ma vision et ma compréhension, en dehors de mes souvenirs collégiens. La relation manuel-professeur est variable : certains professeurs

---

[5] Patricia Legris est maître de conférences en Histoire contemporaine à l'Université de Rennes-2 et membre du CERHIO. Ses recherches portent sur l'histoire des disciplines scolaires et sur la formation des enseignants dans la France contemporaine.

utilisent les manuels scolaires de manière marginale, d'autres s'en servent avec parcimonie (utilisation des ressources documentaires, des exercices, des devoirs). D'autres restent plus ou moins fidèles au cheminement du programme tel qu'il est décliné dans les manuels. La relation professeur-élève est quant à elle tributaire de la pédagogie du professeur, ses opinions et sa déontologie : elle ne sera pas analysée dans cette étude.

Le quatrième chapitre sera consacré à la restitution des résultats de l'enquête. Je m'attarderai sur l'analyse des résultats, dresserai un bilan du niveau de connaissances historiques des Français et en tirerai des interprétations.

Le dernier chapitre est à considérer comme un chapitre à part entière et sera dédié à mes réflexions sur le rôle de l'histoire et son utilité. Egalement, il sera l'occasion pour moi de livrer mon avis et mes impressions à partir de ce que j'ai pu observer tout au long de l'étude. Ce chapitre n'a donc pas de vocation objective mais vise à apporter une réponse à la question : mais l'auteur, il en pense quoi ?

Périmètre de l'étude

Niveau d'enseignement : collège

Le niveau d'enseignement scolaire ciblé sera le collège, soit le début de l'enseignement secondaire[6]. A date, l'enseignement est découpé en cycles[7] : le cycle 1 permet les apprentissages premiers (petite, moyenne et grande section d'école maternelle), le cycle 2 concerne les apprentissages fondamentaux (CP, CE1, CE2), le cycle 3 est le cycle de consolidation (CM1, CM2, sixième) et le cycle 4 celui des approfondissements (cinquième, quatrième et troisième).

---

[6] Pour rappel, l'enseignement primaire correspond à l'école maternelle et l'école élémentaire, l'enseignement secondaire correspond au collège et lycée. L'enseignement supérieur, ou études tertiaires, correspond aux universités, aux grandes écoles et aux formations spécifiques.
[7] *Source : https://www.education.gouv.fr/.*

Ainsi, l'étude porte sur les cycles 3 et 4, soit la consolidation et l'approfondissement. L'enseignement ciblé est celui du collège car il constitue l'instruction obligatoire[8]. Il est supposé dispenser un socle commun de connaissances à l'ensemble des élèves français. Pour le moment, je n'ai pas analysé spécifiquement l'enseignement primaire[9] en raison du jeune âge des élèves et de la mémorisation souvent restreinte durant cette période, de surcroît concernant l'histoire. L'enseignement du lycée est exclu de l'étude car le contenu et le temps alloués à la matière « histoire-géographie » est fonction des cursus scolaires ou des spécialités sélectionnées (*e.g.* scientifique, économique ou littéraire). Plus globalement, le lycée ne fait pas partie de « l'instruction obligatoire » puisqu'entre 16 et 18 ans uniquement la formation[10] l'est.

Périmètre temporel : de 1945 à aujourd'hui (2023)

L'étude porte sur une période de 78 ans. Cette période relativement récente a permis l'obtention d'une documentation probante et l'acquisition de l'ensemble des manuels scolaires nécessaires à la réalisation de l'étude.

Périmètre territorial : France métropolitaine

Pour des raisons évidentes, j'ai consacré mon étude aux limites géographiques du territoire de la France métropolitaine. J'ai précisé « métropolitaine » car selon les époques, les programmes

---

[8] « L'instruction obligatoire [ou « obligation scolaire »] pour tous les enfants, français et étrangers, à partir de 3 ans et jusqu'à l'âge de 16 ans révolus. Les jeunes de 16 à 18 ans ont l'obligation de se former. Les missions locales contrôlent le respect de cette obligation » (*source : https://www.service-public.fr/*). Egalement, selon l'article L. 131-2 du Code de l'éducation : « L'instruction obligatoire peut être donnée soit dans les établissements ou écoles publics ou privés, soit dans les familles par les parents, ou l'un d'entre eux, ou toute personne de leur choix ».

[9] Il fera peut-être l'objet d'une autre étude qui complètera celle-ci.

[10] Pour respecter l'obligation de formation, les situations suivantes sont acceptées : employé, en service civique, parcours d'accompagnement ou d'insertion sociale et professionnelle, en apprentissage ou inscrit dans un établissement scolaire public ou privé pour y poursuivre la scolarité.

peuvent différer pour la France d'Outre-mer[11] en tenant compte des particularités historiques et territoriales.

Méthodologie appliquée

Pour réaliser cette étude, j'ai eu la volonté d'adopter la méthodologie – ou du moins l'approche – que j'applique dans mon métier quotidiennement : une approche d'inspecteur bancaire. En effet, cela fait cinq ans que j'évolue au sein d'inspections générales bancaires : durant quatre ans au sein de l'Inspection Générale de la CNCM (Confédération Nationale du Crédit Mutuel) et depuis quelques mois, au sein de l'Inspection Générale de la Banque Publique d'Investissement (Bpifrance). Évidemment, je n'ai pas appliqué *stricto sensu* la méthode de travail d'une mission d'Inspection bancaire, néanmoins, j'ai tenté d'en respecter la démarche.

Concrètement, endosser l'approche d'une Inspection bancaire, qu'est-ce que cela signifie ? Tout d'abord, c'est porter un regard externe et réaliser l'analyse d'une organisation ou d'un dispositif en place. Ici, l'organisation en place est l'Education nationale et le système éducatif appliqué à l'histoire au collège. Le dispositif serait l'élaboration et le contenu des programmes scolaires. L'approche de l'Inspection est avant tout une approche qui se veut la plus factuelle possible, dans un souci d'objectivité et de rationalité. Egalement, la façon d'analyser les programmes et leurs contenus a été menée *via* l'élaboration de « tests » dans le jargon d'inspection. Un test a pour objectif d'analyser un dispositif en (i) bâtissant une méthodologie, (ii) testant les éléments souhaités (ici : les programmes, leur élaboration et leurs contenus) et (iii) en tirant des conclusions à partir des résultats obtenus. Concernant les aspects de forme, l'étude est inspirée des rapports d'inspection qu'il s'agisse du style d'écriture ou de la construction de l'étude. Enfin, de manière plus informelle, l'ensemble des supports utilisés, les présentations, les échanges et entretiens réalisés ont respecté la forme et l'esprit des travaux d'Inspection bancaire.

---

[11] Aujourd'hui appelés les DROM-COM, anciennement DOM-TOM.

Les méthodologies appliquées seront rappelées en début de chaque chapitre et décrites de manière plus précise.

Limites

Dans une démarche et une volonté d'honnêteté intellectuelle, seront présentées dans cette partie les limites de cette étude.

Premièrement, la limite la plus évidente est le fait que je ne suis pas historien de profession, ni de formation. En effet, ce qui me lie à l'histoire est un intérêt et un désir d'apprendre.

> *Mesure d'atténuation : l'approche adoptée permet de pallier cette limite. Comme mentionné ci-dessus, le fait d'adopter une approche d'Inspection bancaire me permet non pas d'être expert dans un domaine, en l'occurrence l'histoire, mais de porter un regard critique et extérieur sur une thématique et un dispositif en place.*

Deuxièmement, quand bien même j'ai eu le souci de réaliser un travail objectif, cette quête demeure irréalisable : l'analyse de l'histoire ne peut être, par essence, complètement dénuée de subjectivité.

> *Mesure d'atténuation : identique à la première limite. Le fait de raccrocher les constats et les analyses à des éléments factuels et quantifiables permet d'atténuer cette limite.*

Troisièmement, concernant l'analyse des programmes et leurs contenus (soit les chapitres II et III), l'étude se base sur les manuels scolaires utilisés par les professeurs de l'Education nationale et les étudiants.

> *Mesure d'atténuation : les manuels scolaires produits par les principaux éditeurs[12] sont censés reprendre les programmes scolaires élaborés par le ministère de*

---

[12] Les principaux éditeurs actuels sont : Hatier, Belin, Nathan et Magnard.

9

l'Education nationale[13]. Ainsi, étudier les programmes et leurs contenus à partir des manuels scolaires officiels demeure cohérent. L'étude de l'apprentissage par les professeurs et leur manière d'enseigner sont exclus de ce rapport. J'ai toutefois réalisé plusieurs entretiens avec des professeurs d'histoire (anciens ou en activité) afin de connaître leur avis sur les programmes en place, leur utilisation des manuels scolaires et des ressources disponibles.

Les limites spécifiques liées aux méthodologies seront décrites au sein des chapitres.

---

[13] Même si la sélection de l'édition du manuel scolaire incombe à l'établissement et ses professeurs, la note de service n° 86-133 du 14 mars 1986 relative aux collèges a précisé les critères et les procédures auxquels doit répondre le choix des manuels. Parmi les critères du choix, la conformité aux programmes et instructions, la rigueur scientifique du contenu, l'objectivité et le respect scrupuleux des opinions, l'absence de préjugés sexistes ou racistes, la qualité de la langue et la pertinence de la documentation doivent occuper une place essentielle (*source : https://www.senat.fr/*).

CHAPITRE I

EVOLUTION DES PROGRAMMES SCOLAIRES

Présentation du programme d'histoire à date d'étude.

Le programme scolaire actuellement en vigueur résulte du Bulletin officiel spécial n° 11 du 26 novembre 2015 consacré à l'enseignement de l'école élémentaire et du collège. Ce programme a été initié par la ministre Najat Vallaud-Belkacem et est entré en application à la rentrée 2016. La matière histoire au collège a pour objectif de répondre au domaine « Représentations du monde et de l'activité humaine » du socle commun de connaissances, de compétences et de culture.

6ᵉ	**I. La longue histoire de l'humanité et des migrations**
	1. Les débuts de l'humanité 2. La révolution du néolithique 3. Premiers Etats, premières écritures
	II. Récits fondateurs, croyances et citoyenneté dans la Méditerranée antique au Iᵉʳ millénaire avant J.-C.

1. Le monde des cités grecques
2. Rome du mythe à l'histoire
3. La naissance du monothéisme juif dans un monde polythéiste

III. L'Empire romain dans le monde antique

1. Conquêtes, paix romaine et romanisation
2. Des Chrétiens dans l'Empire
3. Les relations de l'Empire romain avec les autres mondes anciens : l'ancienne route de la soie et la Chine des Han

5e

I. Chrétientés et Islam (VIème-XIIIème siècles), des mondes en contact

1. Byzance et l'Europe carolingienne
2. De la naissance de l'islam à la fin de l'unité califale : pouvoirs, sociétés, cultures

II. Société, Eglise et pouvoir politique dans l'Occident féodal (XIème-XVème siècles)

1. L'ordre seigneurial : la formation et la domination des campagnes
2. L'émergence d'une nouvelle société urbaine
3. L'affirmation de l'Etat monarchique dans le Royaume des Capétiens et des Valois

III. Transformations de l'Europe et ouverture sur le monde aux XVIème et XVIIème siècles

1. Le monde au temps de Charles Quint et Soliman le Magnifique
2. Humanisme, réformes et conflits religieux
3. Du Prince de la Renaissance au roi absolu (François Ier, Henri IV, Louis XIV)

4e	**I. Le XVIIIème siècle. Expansions, Lumières et révolutions**
	1. Bourgeoisie marchande, négoces internationaux et traites négrières au XVIIIème siècle 2. L'Europe des Lumières : circulation des idées, despotisme éclairé et contestation de l'absolutisme 3. La Révolution française et l'Empire : nouvel ordre politique et société révolutionnaire en France et en Europe
	II. L'Europe et le monde au XIXème siècle
	1. L'Europe et la révolution industrielle 2. Conquêtes et sociétés coloniales
	III. Société, culture et politique dans la France du XIXème siècle
	1. Une difficile conquête : voter de 1815 à 1870 2. La Troisième République 3. Conditions féminines dans une société en mutation

3e	**I. L'Europe, un théâtre majeur des guerres totales (1914-1945)**
	1. Civils et militaires dans la Première Guerre mondiale 2. Démocraties fragilisées et expériences totalitaires dans l'Europe de l'entre-deux-guerres 3. La Deuxième Guerre mondiale, une guerre d'anéantissement 4. La France défaite et occupée. Régime de Vichy, collaboration, Résistance
	II. Le monde depuis 1945

	1. Indépendances et construction de nouveaux États 2. Un monde bipolaire au temps de la Guerre froide 3. Affirmation et mise en œuvre du projet européen 4. Enjeux et conflits dans le monde après 1989
	III. Françaises et Français dans la République repensée
	1. 1944-1947, refonder la République, redéfinir la démocratie 2. La Cinquième République, de la République gaullienne à l'alternance et à la cohabitation 3. Femmes et hommes dans la société des années 1950 aux années 1980 : nouveaux enjeux sociaux et culturels, réponses politiques

Ce programme intervient après les connaissances préalablement acquises en classes de CM1 et CM2. A l'instar du collège, l'actuel programme de primaire couvre l'intégralité l'histoire de France et se décline en différentes thématiques.

	I. Et avant la France ?
CM1	1. Quelles traces d'une occupation ancienne du territoire français ? 2. Celtes, Gaulois, Grecs et Romains : quels héritages des mondes anciens ? 3. Les grands mouvements et déplacements de populations (IV-Xème siècles) 4. Clovis et Charlemagne, Mérovingiens et Carolingiens dans la continuité de l'Empire romain
	II. Le temps des rois

14

	1. Louis IX, le « roi chrétien » au XIIIème siècle 2. François Ier, un protecteur des Arts et des Lettres à la Renaissance 3. Henri IV et l'Edit de Nantes 4. Louis XIV, le roi Soleil à Versailles
	III. Le temps de la Révolution et de l'Empire
	1. De l'année 1789 à l'exécution du roi : Louis XVI, la Révolution, la Nation 2. Napoléon Bonaparte, du général à l'Empereur, de la Révolution à l'Empire

CM2	**I. Le temps de la République**
	1. 1892 : la République fête ses cent ans 2. L'école primaire au temps de Jules Ferry 3. Des républiques, une démocratie : des libertés, des droits et des devoirs
	II. L'âge industriel en France
	1. Énergies et machines 2. Le travail à la mine, à l'usine, à l'atelier, au grand magasin 3. La ville industrielle 4. Le monde rural
	III. La France, des guerres mondiales à l'Union européenne

	1. Deux guerres mondiales au vingtième siècle 2. La construction européenne

Objectif de l'analyse, méthode utilisée et limites rencontrées.

L'objectif de ce chapitre est d'identifier les modifications des programmes scolaires au fil des différentes réformes : en d'autres termes, comment les programmes ont évolué à l'échelle globale ? Quelles sont les apparitions, les disparitions ? Typiquement, entre 1945 et 2015, nombre d'événements appartenant d'ores et déjà au domaine de l'histoire ont été intégrés dans les programmes scolaires : la Seconde Guerre mondiale, la guerre froide, les événements de mai-68, la Quatrième et Cinquième République, etc. De quelle manière ces éléments ont été intégrés aux programmes ? Ont-ils fait l'objet d'ajout au contenu existant ou ont-ils engendré des suppressions et diminutions d'autres éléments ? Le cas échéant, quels épisodes de l'histoire ont été supprimés ?

Pour réaliser ce chapitre, j'ai pris l'ensemble du contenu enseigné sans me cantonner uniquement à l'histoire de France. Cela a pour objectif de prendre en compte l'intégralité des enseignements, leurs répartitions et l'ensemble des civilisations (ex : Grecque, Romaine, Arabe, Perse, etc.). Ce chapitre est complémentaire du chapitre II portant sur l'analyse quantitative. Les apparitions et disparitions de thématiques sont corrélées à l'évolution des occurrences que l'on retrouve dans le contenu des manuels scolaires.

Patricia Legris décrit les programmes comme des « textes centraux qui orientent les évolutions de la discipline scolaire. Ils reflètent ce que le ministère de l'Education nationale juge digne d'être transmis aux élèves. En cela, les autorités éducatives assignent aux programmes la finalité de transmettre aux élèves une certaine culture historique qui accompagne les valeurs défendues par le ministère ». Elle poursuit par une citation de Pierre Bourdieu : « Les programmes sont une affaire d'Etat ; changer un programme, c'est changer la structure de distribution du capital, c'est faire dépérir certaines formes de capital. La culture légitime est la culture d'Etat ».

Evolution des programmes : classe de sixième.

A quelle période débute l'apprentissage de l'histoire[14] pour un élève qui passe les portes de son collège ? La réponse dépend évidemment des époques. La majorité des programmes intègre l'apprentissage de la préhistoire et des premiers Hommes en classe de sixième, d'autres se contentent de quelques rappels de classes de primaire. Uniquement le programme de 2008 avait exclu la période préhistorique, réintégrée en 2015.

La classe de sixième est le lieu où le plus de civilisations différentes sont abordées. Elle débute avec l'apprentissage des premières civilisations issues de la région du « croissant fertile », à savoir la Mésopotamie (entre le Tigre et l'Euphrate, dans les actuels Syrie et Irak) et en Egypte antique. Cette région du monde où seraient nées les premières formes d'écritures, d'agricultures et les premières villes est systématiquement abordée dans les programmes de sixième entre 1945 jusqu'à aujourd'hui. A noter néanmoins : pour les programmes de 2015 et 2008, la Mésopotamie et l'Egypte antique ne font plus l'objet d'un chapitre propre mais sont intégrés dans un chapitre plus global appelé « Premiers Etats, premières écritures » pour le programme de 2015 et « L'Orient ancien » pour le programme de 2008.

Dans tous les programmes de sixième du périmètre d'étude, la Grèce antique et Rome (de la République à l'Empire) sont enseignées. On comprend la logique de l'enseignement de ces mondes qui ont posé les bases fondatrices de notre civilisation européenne actuelle, tant sur le plan culturel, législatif que religieux, dans laquelle s'inscrira la Gaule puis la France des siècles plus tard. Egalement, le peuple Hébreux ainsi que la naissance du judaïsme sont abordés continuellement dans les programmes de sixième.

Toutefois, même si les origines civilisationnelles grecques et romaines sont systématiquement étudiées, les origines du peuple

---

[14] Les notions de « préhistoire », « Histoire » et « protohistoire » seront définies au chapitre II relatif à l'analyse du contenu des programmes scolaires.

Gaulois, et notamment les Celtes[15], ne sont quasiment plus enseignées à partir des années 1970. Dans le programme actuel, l'apparition de la civilisation Celte se cantonne à une carte dans une partie « Ailleurs à la même époque ». Egalement, les migrations européennes[16] (les Goths, les Wisigoths, les Burgondes) ainsi que l'arrivée des Francs en Gaule n'apparaissent plus au sein du programme actuel.

Une autre différence notable entre les programmes anciens et les plus récents est l'apprentissage des civilisations telles que les Phéniciens, les Crétois ou encore les Perses, qui disparaissent ou diminuent considérablement à partir des années 1970.

Par ailleurs, les programmes de 1947, 1957 et 1963 dédient un ou plusieurs chapitres à contextualiser le sujet historique. A mon sens, cette démarche est primordiale à tout élève – et tout citoyen – qui aborde l'histoire et le monde d'aujourd'hui. Définir l'histoire et décrire son utilité permet de pallier les problématiques actuelles, à savoir l'usage de l'anachronisme, de la téléologie ainsi que le jugement des peuples et événements anciens avec les yeux d'aujourd'hui. Par exemple, à la deuxième page du manuel de sixième du programme de 1947, nous pouvions lire ceci : « A mesure qu'on remonte dans le passé, on a de plus en plus de peine à comprendre les Hommes d'autrefois parce que leurs idées et leur manière de vivre s'écartent de plus en plus des nôtres. Telles pratiques nous indignent aujourd'hui, comme l'esclavage, le servage, les cruels supplices infligés aux criminels, les persécutions religieuses. Comprendre les Hommes d'autrefois et les juger équitablement, c'est-à-dire d'après leurs idées et non d'après les nôtres, est une des grosses difficultés de l'histoire ». Au sein du manuel de sixième du programme de 1957, chapitre « Définition et utilité de l'histoire », il est indiqué : « La reconstitution du passé exige un effort de compréhension, même, un élan de sympathie pour les populations anciennes. L'histoire

---

[15] Les Celtes étaient un peuple originaire d'Europe centrale (région du Danube). Leur expansion et leur migration ont commencé autour de 1200 avant J.-C. et leur arrivée en Gaule entre le VIème et le Vème siècle avant notre ère.

[16] Egalement appelées « invasions barbares ».

s'attache à l'étude des civilisations pour mieux connaître l'homme, pour saisir ce qu'il y a de permanent dans ses façons de penser, dans ses manières d'être et de vivre. Elle cherche à remplacer dans le temps le long et patient labeur de l'humanité ». Les manuels récents quant à eux ne contextualisent plus l'histoire et ne décrivent pas son rôle et sa portée. Ils enseignent tout de même le caractère temporel de l'histoire : savoir « lire le temps en histoire » et la notion de chronologie.

La particularité des manuels scolaires récents est la présence systématique de la méthodologie d'exploitation des documents. En effet, l'interprétation et l'analyse des diverses ressources mises à disposition des élèves – textes, cartes, œuvres – sont spécifiquement abordées dans l'introduction.

Evolution des programmes : classe de cinquième.

De manière globale, les programmes de cinquième abordent la période du Moyen Âge, soit environ dix siècles. La seule exception est le programme de 1963 pour lequel Rome est abordé en cinquième et la fin du Moyen Âge en quatrième. Plus précisément, l'ensemble des programmes enseigne la mise en place du système féodal, les débuts de la chrétienté, l'Empire romain d'Orient (Empire byzantin), la période de la Renaissance et les Guerres de Religion.

Une évolution notable que j'ai pu relever est la diminution significative de l'apprentissage de la Guerre de Cent Ans, en effet, elle ne dispose plus de partie dédiée mais est englobée dans le chapitre « L'affirmation des rois Capétiens et Valois (XIème-XVème siècle) » au sein du programme de 2015. Concrètement, la Guerre de Cent Ans est contenue en sept lignes dans une sous-partie « La naissance de l'Etat monarchique » ou dans l'étude de Charles VII[17]. L'unique passage de la leçon relative à Jeanne d'Arc est : « une jeune paysanne lorraine veut « bouter les Anglais hors de France » et faire reconnaître Charles, roi de France ».

Autre évolution, l'apprentissage de la place de l'Eglise dans la société médiévale a diminué au fil des années. Alors qu'en 1957, au moins trois chapitres étaient consacrés spécifiquement à l'Eglise : « L'Eglise et les Etats », « L'Eglise et la société » et « L'Eglise et la pensée », elle ne fait pas l'objet d'apprentissage spécifique dans les programmes contemporains. La deuxième thématique du programme de 2015 est intitulée « Société, Église et pouvoir politique dans l'Occident féodal (XIe-XVe siècles) » mais uniquement une double page sur « L'Eglise dans la ville » y est strictement dédiée.

---

[17] Intégrées dans une biographie de Charles VII, sept autres lignes sont consacrées à la Guerre de Cent Ans.

Evolution des programmes : classe de quatrième.

La classe de quatrième aborde une période plus restreinte comparativement à la classe de cinquième : quatre siècles contre dix. Elle est le lieu où les élèves apprennent la période allant du développement de l'absolutisme avec le règne de Louis XIV, jusqu'à la Première Guerre mondiale. Ainsi, les programmes de quatrième traitent la Révolution française, le Premier Empire, la succession des régimes politiques du XIXème siècle ainsi que la Révolution industrielle. Les programmes des années 1947, 1957 et 1963 font exception à ce découpage, en effet, les deux premiers terminent le programme de quatrième avec la fin du Premier Empire. Le programme de 1963 le termine au début du XVIIIème siècle.

J'identifie plusieurs différences dans l'évolution des thématiques abordées au sein des programmes de quatrième. Je remarque qu'au fil du temps, les programmes ont réduit de manière significative la description des sociétés étudiées. C'est notamment le cas pour les aspects culturels, religieux, artistiques, les mœurs, etc. Je pense que cette baisse est due à la diminution du volume des programmes scolaires que nous quantifierons dans le chapitre II relatif à l'approche quantitative.

A partir du programme de 2008, les traites négrières – plus particulièrement la traite transatlantique[18] – se voient accorder une place plus importante dans les programmes scolaires. Effectivement, alors que ces sujets étaient préalablement traités à l'intérieur de divers chapitres[19], à compter de 2008 ils disposent d'une partie dédiée et sont davantage développés. A titre d'exemple, au sein du programme de 2008, il y a un chapitre « Les traites négrières et l'esclavage » et au sein du programme de 2015 « Bourgeoisies marchandes, négoces internationaux, traites

---

[18] La traite transatlantique était un système de commerce d'esclaves qui a eu lieu entre le XVème et le XIXème siècle. Elle faisait partie d'un système commercial plus vaste connu sous le nom de commerce triangulaire entre l'Europe, l'Afrique et les Amériques.

[19] Au sein de manuel de 1995, le chapitre « La remise en cause de l'absolutisme » comprend une page dédiée à l'esclavage français.

négrières et esclavage au XVIIIème siècle ». L'approfondissement de ces thématiques fait suite à la loi[20] dite « Taubira » sur la reconnaissance de la traite et de l'esclavage en tant que crime contre l'humanité. Plus précisément, l'article 2 de cette loi définit : « Les programmes scolaires et les programmes de recherche en histoire et en sciences humaines accorderont à la traite négrière et à l'esclavage la place conséquente qu'ils méritent. La coopération qui permettra de mettre en articulation les archives écrites disponibles en Europe avec les sources orales et les connaissances archéologiques cumulées en Afrique, dans les Amériques, aux Caraïbes et dans tous les autres territoires ayant connu l'esclavage sera encouragée et favorisée ». Egalement, l'évolution récente de ces thématiques tend à diminuer une traite par rapport à une autre. En effet, au sein du programme de 2008, les deux traites majeures sont étudiées : la traite arabo-musulmane[21] et la traite transatlantique. Au sein du programme de 2015, la traite arabo-musulmane n'est quasiment plus étudiée, se limitant à une mention sur une carte.

Finalement, la « loi Taubira » révèle un exemple d'intervention directe que peut avoir l'exécutif au sein des programmes. Néanmoins, Christiane Taubira, alors garde des Sceaux, n'était pas incluse dans le schéma et les acteurs de production des programmes scolaires (à savoir, le président de la République, Premier ministre éventuellement, ministère de l'Education nationale et les institutions productrices telles que le CSP).

Enfin, au sein du programme de 2015, les thématiques de l'esclavage et la condition féminine s'accroissent considérablement. En effet, parmi les huit chapitres qui composent le programme de quatrième, un chapitre complet est dédié au « Grand commerce et à la traite négrière au XVIIIème siècle » et un autre aborde les « Conditions féminines en France au XIXème

---

[20] Loi n° 2001-434 du 21 mai 2001.

[21] La traite arabo-musulmane, ou orientale, est un terme qui désigne le commerce des esclaves qui a été pratiqué par les empires et les sociétés arabo-musulmanes à travers l'Afrique, le Moyen-Orient, l'Asie et l'Europe. Cette traite des esclaves a débuté au VIIème siècle avec l'expansion de l'islam et s'est poursuivie jusqu'au XIXème siècle.

siècle ». En parallèle, la Révolution française et ses origines, le Directoire, le Consulat, le Premier Empire ainsi que le nouvel ordre européen avec le Congrès de Vienne sont regroupés dans un seul chapitre, au même titre que les conditions féminines ou l'esclavage. En outre, au sein même du chapitre dédié à la Révolution française et à l'Empire, une double page est également allouée aux femmes et esclaves de l'époque, tous deux mis au même plan. Aussi, dans le manuel de 2015, un Enseignement Pratique Interdisciplinaire[22] (EPI) sur les deux proposés est dédié aux « Femmes engagées ». Cet EPI comprend un sujet sur « Les combats des femmes » avec les figures féministes historiques et un autre sur les « Femmes, citoyennes du monde » avec notamment la place des femmes migrantes.

A titre d'anecdote, en classe de quatrième Louise Michel est plus mentionnée que l'empereur Napoléon III (*cf.* chapitre II relatif à l'approche quantitative). Ses occurrences dépassent même celles de Blanche de Castille, Jeanne d'Arc, Catherine de Médicis et Anne d'Autriche réunies. Autre observation étonnante, Hubertine Auclert[23] bénéficie également d'une double page dédiée, et ressort ainsi citée davantage que Jean Jaurès.

---

[22] Les Enseignements Pratiques Interdisciplinaires (EPI) permettent de construire et d'approfondir des connaissances et compétences grâce à une réalisation concrète individuelle ou collective. Ils aboutissent à des réalisations (présentation orale ou écrite, constitution d'un carnet, etc.). *Source : https://www.education.gouv.fr/les-enseignements-pratiques-interdisciplinaires-epi-8273.*
[23] Figure majeure du féminisme en France. Influencée par les idées de la Révolution française, elle a fondé en 1881 « Le Droit des Femmes », premier journal féministe quotidien, par lequel elle milite notamment pour le droit de vote des femmes.

Evolution des programmes : classe de troisième.

La classe de troisième est la classe pour laquelle les programmes ont le plus évolué. En effet, la proximité temporelle induit *de facto* l'introduction des nouveaux événements au fur et à mesure.

Actuellement, les élèves de troisième apprennent la Première et la Seconde Guerre mondiale ainsi que l'évolution du monde entre 1945 jusqu'à nos jours, à savoir : la Quatrième et la Cinquième République, la Guerre froide et la construction européenne. Il est à noter que l'étude de la Première Guerre mondiale apparaît dès 1957 et celle de la Deuxième Guerre mondiale dès 1969. Le programme de 1963 quant à lui est découpé différemment puisque le collège ne couvre pas la période récente, il s'arrête en 1871.

L'histoire de la construction de l'Union européenne, son fonctionnement, les phases successives d'élargissement et les traités adoptés occupent une place de plus en plus importante dans les programmes scolaires.

Egalement, le sujet de l'immigration récente entre dans l'histoire et a commencé à être étudié à partir des années 1990. En effet, au sein du manuel de 1995, un dossier « Une génération à La Courneuve » aborde le sujet de l'immigration. Au sein du programme de 2015, une double page est consacrée à « L'immigration algérienne en France dans les années 1950 aux années 1970 ». Dans le programme de 2008, un dossier d'une double page est dédié à « L'immigration en France ».

Enfin, à l'instar de la classe de quatrième, la thématique de la condition féminine occupe une part de l'enseignement plus conséquente. Des passages au sein de plusieurs chapitres sont dédiés au rôle des femmes et son évolution.

Remarques générales sur l'évolution des programmes scolaires.

L'analyse des programmes et la lecture de tous les manuels scolaires que j'ai pu acquérir m'ont permis de distinguer plusieurs évolutions.

De manière générale, plus nous remontons dans le temps, plus le découpage des programmes en chapitres est important. Prenons l'exemple des programmes de sixième de 1947, 1957 et 1963 : ils comprennent respectivement 28, 32 et 30 chapitres. Le programme de sixième de 2015 en comprend neuf.

Concernant l'apparition ou l'augmentation de thématiques, je sépare mon analyse en deux catégories : les apparitions liées à la temporalité et les autres.

Les apparitions liées à la temporalité, à savoir les événements qui ont eu lieu entre 1945 et aujourd'hui, se situent principalement au sein des programmes de troisième. En effet, les sujets tels que la Quatrième et Cinquième République, les événements de mai-68 ou encore la construction de l'Union européenne ont été intégrés dans les programmes scolaires.

Concernant la catégorie non liée à la temporalité, la thématique de l'esclavage et de la traite a considérablement augmenté au fil des programmes. Alors qu'aucun événement considérable n'a évolué en France concernant ces thématiques (l'esclavage ayant été aboli par Victor Schœlcher en 1848), son importance a été croissante, dès l'adoption de la « loi Taubira ».

Enfin, d'autres thématiques appartiennent aux deux catégories : la condition féminine et l'immigration en France. Ces sujets appartiennent à la fois à un contexte historique ancien et contemporain puisque d'importantes évolutions ont eu lieu entre 1945 et aujourd'hui. Concernant la condition féminine, le droit de vote en 1944 et la loi Veil en 1975 sur l'Interruption Volontaire de Grossesse (IVG) entrent dans l'histoire et *de facto* dans le domaine d'étude. Concernant la thématique de l'immigration, son augmentation globale et les différentes lois afférentes depuis 1945 l'ont fait devenir un sujet d'enseignement à part entière dans les programmes récents. Dès 1983, le rapport Girault énonçait la nécessité d'intégrer cette thématique au sein des programmes scolaires : « Puisque les élèves issus des familles de travailleurs immigrés sont en nombre croissant et qu'ils forment, ici et là, la majorité de certaines classes, on ne peut esquiver le redoutable problème de l'enseignement des civilisations des pays d'où viennent ces travailleurs. Il ne suffit pas d'inclure dans tel ou tel programme l'histoire et la géographie de ce pays, bien que cette pratique constitue déjà un progrès, il faut réfléchir à la manière de rendre les élèves à la fois tolérants les uns par rapport aux autres et justement informés de genres de vie si divers et parfois si opposés ».

Mon objectif dans ce chapitre n'était pas de porter un jugement sur les différentes intégrations au sein des programmes scolaires ni même de remettre en cause l'utilité, l'intérêt ou la portée d'étudier ces thématiques. Compte tenu de la diminution du volume d'apprentissage de l'histoire au collège (*cf.* chapitre II), ces intégrations donnent lieu inévitablement à des diminutions d'autres sujets, voire même leur disparition. Par exemple, les apparitions des thématiques susmentionnées ont eu pour conséquence la diminution des périodes telles que l'Antiquité avec l'arrivée des Celtes, l'ère gauloise, les Mérovingiens, la Guerre de Cent Ans, le règne de Louis XV ou encore la Troisième République. Le chapitre II consacré à l'analyse quantitative matérialise ces diminutions ou, le cas échéant, les disparitions.

CHAPITRE II

CONTENU DES PROGRAMMES SCOLAIRES

Objectif de l'analyse, méthode utilisée et limites rencontrées de l'approche quantitative.

J'ai fait l'acquisition des manuels scolaires de chaque classe du collège (classes de sixième, cinquième, quatrième et troisième) pour chaque changement de programme, depuis la Libération en 1945 jusqu'à aujourd'hui. Je les ai ensuite tous lus et analysés afin de réaliser ce chapitre.

L'objectif de ce chapitre est d'identifier et d'analyser l'évolution de l'apparition des personnages et faits historiques[24] (ci-après « occurrences ») de l'histoire de France au cours des années. Autrement dit, j'ai cherché à savoir combien de fois sont mentionnées ces occurrences pour chaque nouveau programme scolaire.

Pour la comptabilisation des occurrences, j'ai été confronté à trois principales limites : la première étant la méthode de comptabilisation elle-même. En effet, les contenus des manuels

---

[24] Ici, sont considérés comme des faits historiques, les événements marquants de l'histoire de France. A titre d'exemple, les batailles, les traités, les lois, les changements de Gouvernement ou les grands événements sont considérés comme faits historiques.

scolaires ont évolué au fil des années avec notamment l'utilisation croissante de ressources d'apprentissage alternatives au texte constituant le cours. Par conséquent, les personnages ou faits historiques peuvent être mentionnés au sein de ces différents autres supports d'apprentissage tels que des cartes, des frises chronologiques, des œuvres, des illustrations, des documents historiques (*e.g.*, les textes, traités, etc.) ou encore des questions et exercices.

Mesure d'atténuation : pour assurer une homogénéité dans la comptabilisation, j'ai défini une méthodologie en caractérisant les occurrences en deux catégories, la catégorie 1 et la catégorie 2 selon les critères suivants :

- *Toutes les occurrences au sein du corps du cours – titres exclus – sont comptabilisées en catégorie 1 ;*
- *Les occurrences présentes au sein des cartes, des frises chronologiques, des questions et des exercices sont relevées en catégorie 2 ;*
- *Les occurrences comprises au sein des autres supports d'apprentissage sont comptabilisées en catégorie 2. Les titres de ces derniers peuvent être comptabilisés en catégorie 1.*

Voici ci-dessous une illustration de la catégorisation des occurrences :

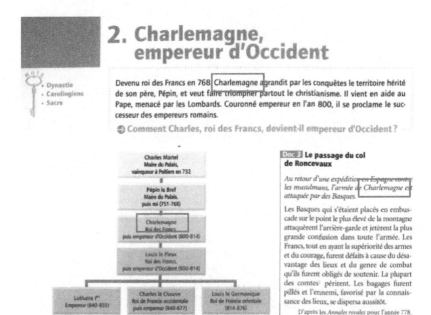

Source : Manuel scolaire de classe de cinquième, programme 1995.

Sur cette page, trois occurrences de Charlemagne sont comptabilisées : deux de catégorie 1 et une de catégorie 2.

En conclusion, les occurrences de catégorie 1 sont plus importantes que la catégorie 2 car elles constituent le corps du cours. Les occurrences de catégorie 2 sont quant à elles utilisées dans le cadre d'illustrations ou d'appui au cours enseigné.

La deuxième limite concerne également la comptabilisation des occurrences. De manière très concrète, j'ai été confronté à l'usage des pronoms personnels. En prenant l'illustration ci-dessous, il y a une unique occurrence (de catégorie 1), malgré l'utilisation du pronom personnel « il » à deux reprises dans le paragraphe.

3. L'organisation de l'Empire carolingien

Charlemagne se trouve à la tête d'un immense territoire qui couvre une grande partie de l'ancien empire romain d'Occident et qui est peuplé de 15 millions d'habitants. Il organise le gouvernement et l'administration de son empire pour s'assurer que les décisions qu'il prend sont bien appliquées. Il encourage le développement de l'instruction et la diffusion des textes religieux.

● Comment Charlemagne gouverne-t-il son vaste empire ?

Source : Manuel scolaire de classe de cinquième, programme 1995.

Mesure d'atténuation : j'ai pris la décision de ne pas comptabiliser les pronoms personnels en prenant l'hypothèse que leur utilisation, ou leur taux d'utilisation, n'a pas évolué entre 1945 et aujourd'hui.

La troisième limite concerne les éditions des manuels scolaires. En effet, dans la plupart des cas, j'ai fait l'acquisition d'un seul manuel scolaire par programme, indépendamment de l'édition. Le manuel scolaire a été sélectionné selon les disponibilités d'achat[25]. Par exemple, entre 1995 et 2008 et pour la classe de sixième, si j'ai fait l'acquisition du manuel de l'édition Hatier, je n'ai pas étudié de manuel scolaire de ce programme pour les éditions Belin et Nathan.

Mesure d'atténuation : le nombre d'occurrences n'est pas significativement différent d'une édition à l'autre pour un même programme scolaire. En effet, j'ai vérifié ce point puisque j'ai fait l'acquisition de manuels de différentes éditions pour certains programmes. Egalement, étudier chaque édition de chaque manuel scolaire pour chaque programme aurait représenté, en plus d'être onéreux, un surplus de travail significatif dont le bénéfice n'en n'aurait été que marginal.

---

[25] Sites de revente, d'occasion, dépôt-vente, brocantes, etc.

Pour la méthodologie, j'ai sélectionné 224 occurrences (*cf. supra*) et compté le nombre de fois qu'elles apparaissaient dans chaque manuel pour chaque programme scolaire. Pour restituer les résultats, j'ai procédé à un découpage en grandes périodes de l'histoire de France. Ce découpage n'a rien d'historiquement cohérent, il est réalisé dans un souci de praticité et de lisibilité. Egalement, la comparaison sera souvent faite entre les programmes les plus espacés temporellement : ceux de 1947 et ceux de 2015. Comme mentionné dans les limites générales en introduction, et dans le but d'être précis, lorsque j'évoque la disparition d'une occurrence « des manuels scolaires » ou « des programmes » de telle date, mon analyse s'appuie sur le (ou les) manuel(s) scolaire(s) étudié(s) sur la période.

Protohistoire et Antiquité : les réductibles Gaulois.

Parmi les multiples définitions, je retiens pour la protohistoire (du grec *proto* « premier ») la suivante : « l'histoire des peuples sans l'écriture mais qui sont mentionnés dans les écrits d'historiens (ou écrivains) qui sont leurs contemporains, par exemple les Grecs et les Romains pour les peuples Européens ». L'Antiquité, désigne la première période de l'histoire et débute donc avec l'apparition de l'écriture – environ IVème millénaire avant J.-C. – et se termine avec le début du Moyen Âge, en 476, avec la chute de l'Empire romain d'Occident. La protohistoire est donc incluse dans l'Antiquité. En France, l'Antiquité est marquée successivement par :

- L'arrivée du peuple Celte sur le territoire de la France actuelle. Les Celtes sont un groupe ethnique et culturel indo-européen qui a migré vers l'Europe centrale et occidentale à partir du IIème millénaire avant J.-C. ;
- Le développement du peuple Gaulois[26] ;
- La conquête de la Gaule par Jules César entre 58 et 52 avant notre ère avec les batailles de Gergovie et d'Alésia ;
- La romanisation de la Gaule, qui se caractérise notamment par le développement de grands axes appelés « *via* », par une longue période de paix et de prospérité économique « *pax Romana* » et par une coexistence entre romanité et germanité (introduction du latin, des coutumes, des lois et des modes de fonctionnement romains) ;
- Les invasions barbares : peuples germaniques et de tribus nomades asiatiques qui ont commencé à partir du IIIème siècle de notre ère jusqu'au VIème siècle. Ces peuples sont principalement les Francs, les Alamans, les Burgondes, les Wisigoths ou encore les Ostrogoths.

---

[26] Les Gaulois sont un groupe de peuples celtes ayant vécu au sein des frontières de la France actuelle au cours des derniers siècles avant J.-C. et au début de l'ère chrétienne. Le terme « Gaule » vient du latin « Gallia », utilisé pour la première fois par les Romains, notamment dans les écrits *La guerre des Gaules* de Jules César.

Concernant la période gauloise, le nom de Vercingétorix vient directement à l'esprit, fortement aidé avec la bande dessinée et les dessins animés « Astérix » de René Goscinny et Albert Uderzo. Vercingétorix a totalement disparu des manuels scolaires d'histoire de 2015. Les batailles menées par le chef des Gaulois contre Jules César et l'Empire romain – les batailles de Gergovie et d'Alésia – ont également disparu : aucune occurrence de catégorie 1 n'est observée dans les manuels de 2015. La bataille d'Alésia n'apparaît qu'une seule fois au sein d'une frise chronologique, donc une occurrence de catégorie 2.

Occurrence	Programme: 2015		Programme: 1947	
	Catégorie 1	Catégorie 2	Catégorie 1	Catégorie 2
Vercingetorix			11	2
52: Bataille de Gergovie			2	
52: Bataille d'Alesia		1	3	
451: Bataille des Champs Catalauniques			1	

La disparition des Mérovingiens (Vème-VIIIème).

La période des premiers Mérovingiens est considérée par de nombreux analystes ou historiens comme la période de la naissance de la France – ou du moins – l'origine de la formation de la France. Je ne saurais me prononcer sur une date de la naissance de la France, le débat demeure ouvert. Je visitais récemment le Panthéon dans le 5ème arrondissement de Paris : sur les murs du transept se trouvent plusieurs représentations des « héros chrétiens ». On peut notamment observer la représentation magistrale du « Vœu de Clovis à la bataille de Tolbiac » et du « Baptême de Clovis » par le peintre Paul-Joseph Blanc, qui constituent, selon le dépliant du Panthéon élaboré par le Centre des monuments nationaux, les « grands événements considérés comme les étapes de la construction nationale ». Nous pouvons convenir de manière certaine que la période des Mérovingiens est charnière dans la constitution de ce qu'on appellera plus tard la France. Les jalons structurants de la période mérovingienne sont les suivants :

- La bataille de Soissons (avec le mythe du vase éponyme[27]) contre le dernier romain en Gaule Syagrius en 486 ;
- La bataille de Tolbiac en 496 contre les Alamans (à l'origine de la conversion de Clovis au christianisme[28]) ;
- Le baptême de Clovis aux alentours de l'an 496-500, instituant l'entrée du Royaume de France dans le christianisme ;
- La bataille de Vouillé contre les Wisigoths en 507 ;
- Le règne de Clotaire I, qui réunifia le Royaume des Francs entre 558 et 561 ;

---

[27] L'évêque de Reims, Rémi, qui a reconnu Clovis comme roi des Francs, lui demande après la bataille de récupérer un vase lui appartenant. Clovis demande le vase lors du partage du butin mais l'un de ses soldats s'y oppose et casse le vase. L'année suivante, lors d'une inspection des troupes, Clovis tua le soldat : « Et tandis que l'homme se baissait pour le ramasser, aussitôt le roi leva les mains, lui planta sa francisque dans la tête, et déclara : voilà ce que l'année dernière tu as fait au vase en la cité de Soissons. » (*Source : Liber Historiae Francorum, p29*).

[28] Selon la légende, Clovis a promis de se convertir au christianisme s'il remportait la bataille. D'après le récit de Grégoire de Tours, un historien du VIème siècle, Clovis a effectivement prié le dieu chrétien avant la bataille et a ensuite gagné la bataille, ce qui l'a poussé à se convertir au christianisme.

- Le règne de Dagobert entre 629 et 639 : il sera le dernier roi effectif de la dynastie mérovingienne et l'un des plus puissants. Il maintiendra l'unité et promulguera plusieurs lois permettant d'améliorer l'administration du Royaume. Son principal conseiller sera Saint Eloi.

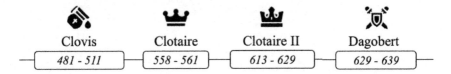

Clovis	Clotaire	Clotaire II	Dagobert
481 - 511	*558 - 561*	*613 - 629*	*629 - 639*

L'ère mérovingienne scella le lien entre la France et le christianisme pour en faire la « fille aînée de l'Eglise ». Ces premiers rois des Francs ont bâti les fondations et les prémices d'un royaume qui entrera dans la féodalité quelques siècles plus tard.

Débutons l'analyse des occurrences avec le personnage dont la dynastie porte le nom, le grand-père de Clovis : Mérovée. Il n'est cité que dans les manuels des programmes de 1947 et de 1963, respectivement deux fois et une fois (occurrences de catégorie 1). Concernant Clovis, roi le plus emblématique des Mérovingiens, il a purement et simplement disparu du programme de 2015. Considérons qu'il ne soit qu'un personnage secondaire de l'histoire de France, il demeure à mon sens un souverain initiant la construction de la France et de l'établissement de ses frontières par son règne et ses batailles. Et pourtant, son nom, ses victoires lors des batailles de Soissons, de Tolbiac ou encore Vouillé sont absents des manuels scolaires du programme de 2015.

Une illustration frappante est la frise chronologique présentée ci-dessous, couvrant une période allant de l'Antiquité jusqu'aux temps modernes (1800). Il s'agit de la première page du manuel de cinquième. La dynastie mérovingienne est tout bonnement absente : les événements historiques passent de la disparition de l'Empire romain d'Occident en 476, les moments clés de l'ère musulmane (vie de Mohammed, l'Hégire et l'empire musulman), directement à l'empire carolingien avec le sacre de Charlemagne en 800.

Le programme de 5ᵉ

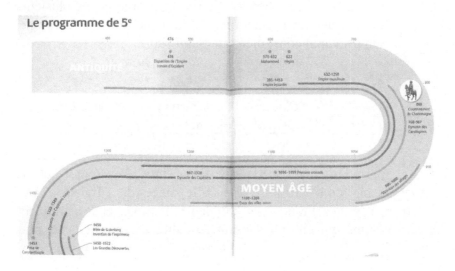

Source : Manuel scolaire de classe de cinquième, programme 2015.

En outre, toute cette période a disparu de l'enseignement scolaire du collège : les Mérovingiens, Clovis et ses descendants (tels que son fils Clotaire I et arrière-petit-fils Clotaire II) ou encore Dagobert ne sont plus mentionnés. En fait, les Mérovingiens disparaissent assez rapidement dès 1957, la bataille de Soissons reste mentionnée jusqu'en 1963. Il y avait 29 occurrences de catégorie 1 pour Clovis en 1947 contre 11 en 1957 puis 1 en 2008. Même le mot « Mérovingien » ou « dynastie mérovingienne » n'apparaît plus dans les manuels scolaires de 2015 alors même que la recherche sur cette période gagne en assurance et en fiabilité. Si cette dynamique perdure, Clovis et les mythes associés, si importants à la constitution d'une identité et d'un souvenir commun, seront oubliés par les prochaines générations. Les seuls moyens de connaître Clovis et la période mérovingienne reposeront soit sur l'hypothétique enseignement de la période en classe élémentaire de CM1[29], soit sur la transmission des parents.

---

[29] A l'école élémentaire, l'histoire est enseignée en classes de CM1 et CM2. Parmi les grandes thématiques de la classe de CM1 figurent : (i) Et avant la

Toutefois, nous avons vu qu'une des raisons pour lesquelles j'écris cette étude est l'appauvrissement des connaissances de l'histoire de France et nous verrons dans le chapitre IV, que peu de personnes savent situer Clovis dans l'histoire de France. Quant au souvenir de Dagobert, il subsistera tout au mieux la musique du *Bon roi Dagobert*[30].

Occurrence	Programme: 2015		Programme: 1947	
	Catégorie 1	Catégorie 2	Catégorie 1	Catégorie 2
Mérovée			2	
Clovis			29	6
486: Bataille de Soissons			2	
496: Bataille de Tolbiac			4	
507: Bataille de Vouillé			2	
Clotaire I			1	1
Dagobert			4	
Charles Martel			6	
732: Bataille de Poitiers			6	
Pépin III le Bref			9	

France ? (ii) le temps des rois et (iii) le temps de la Révolution et de l'Empire (cf. chapitre I).

[30] En fait, cette chanson ne date pas de l'époque mérovingienne mais de la fin de l'Ancien Régime. Elle était chantée pour railler Louis XVI, réputé distrait. Son nom a été remplacé par Dagobert afin de ne pas subir la censure ou d'autres conséquences.

Charlemagne seul Carolingien (VIIIème-Xème).

La période de la dynastie carolingienne, dans laquelle j'intègre une partie des Pippinides[31], s'étend de l'année 717[32] jusqu'à l'avènement d'Hugues Capet en 987. En guise de rappel historique, la transition entre la dynastie mérovingienne et la dynastie carolingienne s'explique par plusieurs dynamiques. Une des principales étant la perte progressive de pouvoir des derniers rois Mérovingiens, surnommés plus tard de « rois fainéants[33] ». Parallèlement à la montée en puissance de la dynastie des Pippinides, leur accession aux rôles de maire du palais[34], leurs conquêtes et la nomination de Pépin III « le Bref » en tant que roi du Royaume des Francs en 751 par le pape.

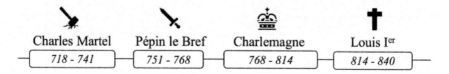

Charles Martel	Pépin le Bref	Charlemagne	Louis Ier
718 - 741	751 - 768	768 - 814	814 - 840

Les Carolingiens tirent leur nom de Charles Ier « le Grand », *Karolus Magnus*, connu sous le nom de Charlemagne. Cette période voit naître le système féodal, organisation politique et

---

[31] Les Pippinides étaient une dynastie franque qui a joué un rôle important dans l'histoire de l'Europe occidentale au VIIIème siècle. Les personnages tels que Charles Martel, Pépin III « le Bref » et Charlemagne sont des Pippinides. Cette dynastie aura donc été à l'origine de l'émergence de la dynastie carolingienne.

[32] Même si la montée en puissance et le rôle joué des Pippinides remonte à Grimoald, je retiens l'année 717 car elle correspond à l'ascension de Charles Martel en tant que Maire du Palais (plus haut dignitaire) d'Austrasie. L'Austrasie était un des royaumes francs s'étendant sur le nord-est de la France (dans les régions actuelles d'Alsace, Lorraine et des Ardennes) et sur une partie de l'Allemagne.

[33] Selon l'historien Georges Minois dans *Charles Martel*, la mauvaise réputation des Mérovingiens vient de la propagande carolingienne ayant pour objectif de dénigrer les rois précédents.

[34] Le rôle de maire du palais était une fonction politique importante dans le Royaume des Francs durant la période mérovingienne. Le maire du palais était initialement un officier royal chargé de la gestion des affaires du palais du roi. Cependant, au fil du temps, les maires du palais ont acquis une influence politique considérable et ont finalement exercé un pouvoir *de facto* supérieur à celui des rois mérovingiens.

sociale basée sur la distribution des terres et des ressources par les seigneurs à leurs vassaux en échange de services militaires et d'autres obligations. Le IXème siècle est également marqué par :
- Le règne hégémonique de Charlemagne ;
- La Renaissance carolingienne[35] ;
- L'accroissement du territoire par des campagnes militaires ;
- La construction d'un Empire européen occidental ;
- La consolidation de la christianisation du Royaume des Francs ;
- Les invasions des Normands[36] qui affaibliront le Royaume.

Comment évolue la place occupée par les personnages et faits historiques de l'époque carolingienne ? Charles Martel et son fils Pépin le Bref ont suivi les traces de Clovis et disparaissent totalement des manuels des deux derniers programmes scolaires. Leurs dernières apparitions remontent aux programmes de 1995 dans lequel j'ai recensé respectivement trois et quatre occurrences de catégorie 1. La bataille de Poitiers en 732 a disparu des programmes récents[37]. Charles Martel et sa bataille la plus connue étaient mentionnés six fois chacun au sein des cours de 1947. Charlemagne reste cité au sein des manuels scolaires des programmes de 2008 et 2015 : son évolution est linéaire. Il semble que la diminution du nombre d'occurrences de l'Empereur suive la tendance générale de diminution du contenu des manuels scolaires d'histoire. Cette tendance sera abordée plus spécifiquement *infra*. Les descendants directs de Charlemagne (Louis Ier « le Pieux » son fils, et Charles II « le Chauve » son petit-fils), ainsi que le traité de Verdun de 843[38] restent évoqués dans les programmes

---

[35] La Renaissance carolingienne s'étend sur le Royaume des Francs et sur l'Europe occidentale. Elle est caractérisée par la résurgence de l'art, de la musique, de la poésie et de la littérature, ainsi qu'une redécouverte de la philosophie et de la science de l'Antiquité.

[36] Appelés Vikings, les Normands (ou « hommes du nord ») viennent de Scandinavie.

[37] A la marge, cette bataille est mentionnée au sein des manuels du programme de 2008 sur une frise chronologique (occurrence de catégorie 2).

[38] Le traité de Verdun est le partage du Royaume du fils de Charlemagne, Louis Ier « le Pieux », entre ses trois fils : Lothaire Ier, Charles II « le Chauve » et Louis « le Germanique ».

d'aujourd'hui. Les derniers Carolingiens, initialement peu mentionnés dans les programmes d'après-guerre, n'apparaissent plus dans les programmes d'aujourd'hui[39]. Ainsi, l'évolution des occurrences des Carolingiens est similaire à celle des Mérovingiens, exception faite pour l'Empereur Charlemagne.

Occurrence	Programme: 2015		Programme: 1947	
	Catégorie 1	Catégorie 2	Catégorie 1	Catégorie 2
Charlemagne	12	4	33	10
Louis Ier le Pieux	1		3	
843: Partage de Verdun	1		4	3
Charles II le Chauve	2	3	3	1
Charles III le Gros			4	
Charles III le Simple			4	
Louis IV d'Outremer			1	
Louis V le Fainéant			1	

---

[39] Compte tenu de leur rôle relativement secondaire dans l'histoire de France et tenant compte de l'intégration d'éléments nécessaires à la compréhension du monde contemporain, leur disparition suscite moins d'étonnement chez moi que celles de Vercingétorix, Clovis, Charles Martel ou encore Pépin le Bref.

La naissance de la dynastie capétienne.

Le déclin des Carolingiens s'inscrit dans un contexte de multiples attaques : à l'est, les Hongrois opèrent des incursions dans la Francie Orientale, à l'ouest les Normands multiplient les raids sur les côtes atlantiques, également, des peuples Berbères et Arabes musulmans attaquent la côte méditerranéenne. A l'image des Mérovingiens, les Carolingiens n'appliquent pas le droit d'aînesse[40], fragilisant le Royaume lorsqu'un souverain décède. Simultanément, on assiste à une montée en puissance des aristocraties locales, comme les Robertiens[41]. La transition entre les Carolingiens et Capétiens suit sommairement une dynamique similaire à la transition entre Mérovingiens et Carolingiens. Charles III « le Gros », alors roi des Francs lors du siège de Paris par les Normands entre 885 et 887, sera déchu par les Grands[42] du royaume en raison de sa lâcheté face aux envahisseurs[43]. Il sera remplacé en 888 par le comte de Paris issu de la dynastie des Robertiens, Eudes, qui résista au siège. Hugues Capet, son petit-fils, héritera *in fine* du titre de duc des Francs. Sacré en 987 dans la cathédrale de Reims, il fonde ainsi la dynastie des Capétiens qui instaurera le principe héréditaire de transmission de la couronne, assurant la pérennité de la dynastie sur le trône de France.

---

[40] Le droit d'aînesse est une règle successorale dans laquelle l'aîné reçoit la majeure partie ou la totalité de l'héritage familial. Ainsi, le territoire n'était pas divisé au profit de plusieurs héritiers, permettant la pérennité du Royaume et la continuité de la dynastie en place.

[41] Les Robertiens étaient une dynastie franque qui doit son nom à son fondateur Robert le Fort, comte franc et chef militaire.

[42] Au Moyen Âge, les « Grands » du Royaume étaient les personnes les plus importantes de la société, à savoir des grands féodaux, des évêques, des membres de la noblesse ou des hauts fonctionnaires.

[43] Après un an et demi de siège, Charles III « le Simple » intervient. Il refuse de poursuivre le combat et opte pour la négociation avec les Vikings. Il leur offre une rançon pour lever le siège et leur accorde le passage vers la Bourgogne, dorénavant ouverte aux pillages.

En matière d'occurrences, on peut souligner positivement qu'Hugues Capet est continuellement présent dans les différents programmes scolaires. Ses descendants directs, personnages considérés comme ayant joué un rôle moins important, ne sont plus mentionnés au sein des programmes à partir des années 80. C'est avec étonnement que j'ai constaté la disparition de Guillaume le Conquérant des manuels à partir des années 70. Le duc de Normandie – vainqueur contre l'Angleterre lors de la bataille de Hastings en 1066 – n'est plus enseigné dans les classes de collège alors qu'il était deux fois plus mentionné qu'Hugues Capet dans les manuels de 1947 et 1957. Les rois Louis VI « le Gros » et son fils Louis VII « le Jeune », abondamment cités dans les manuels d'histoire entre 1947 et 1969, ne sont plus évoqués dans les manuels contemporains. Sans leur accorder la même importance que Charlemagne ou Clovis, ces deux rois me paraissent incontournables dans la compréhension de la formation du Royaume de France et de la monarchie. Norbert Elias dans *La dynamique de l'Occident* dira de Louis VI qu'il « jeta les bases de l'expansion ultérieure de sa dynastie. Il créa un noyau virtuel de cristallisation autour duquel devait se grouper par la suite le territoire de la France ».

Abordons l'épisode des Croisades, période mal connue et souvent fantasmée. L'appel à la première Croisade est initié lors du Concile de Clermont en 1095 par le Pape Urbain II. Cet appel répond à la prise des Lieux Saints par les Turcs Seldjoukides en 1078 et l'interdiction du pèlerinage aux Chrétiens qui étaient soit empêchés soit massacrés. Le départ aura lieu en 1096 et la prise de Jérusalem par les Croisés le 15 juillet 1099.

Alors que la première et la deuxième Croisade sont mentionnées respectivement six et trois fois en 1947 (occurrences de catégorie 1), la deuxième Croisade n'est plus citée dans les manuels scolaires contemporains. La première Croisade reste abordée dans les mêmes proportions depuis la Libération jusqu'à aujourd'hui. Je relève que l'angle d'apprentissage des Croisades a évolué au fil des programmes : les affrontements guerriers ont laissé place aux « échanges commerciaux et culturels », d'ailleurs la partie du programme de cinquième s'intitule « Chrétientés et islam (VIe-XIIIe siècles), des mondes en contact ».

Occurrence	Programme: 2015		Programme: 1947	
	Catégorie 1	Catégorie 2	Catégorie 1	Catégorie 2
Hugues Capet	4	4	7	3
Robert II le Pieux			3	
Guillaume le Conquérant			14	4
1066: Bataille des Hastings			4	2
1095-99: Première croisade	3	4	6	2
Godefroy de Bouillon	2	1	3	
1147-49: Deuxième croisade			3	
Louis VI le Gros			8	2
Louis VII le Jeune	1		10	2

Les « grands Capétiens » (1180-1337).

Je fais débuter la période des « grands Capétiens » en 1180 avec l'avènement de Philippe II « Auguste » et l'achève après le règne Charles IV « le Bel », dernier Capétien direct. Cette période est décrite par Max Gallo dans son ouvrage *Le roman des rois* de la manière suivante : « ce temps des cathédrales, des croisades, de l'Inquisition et de la construction du Royaume de France [...]. Ainsi, les trois grands rois capétiens – Philippe Auguste (1180-1223), Louis IX le Saint (1226-1270), Philippe le Bel l'Énigmatique (1285-1314) – ont-ils façonné notre histoire, et leurs œuvres rayonnantes ou sombres sont présentes en nous, dans notre regard et notre mémoire ». En guise de rappel, voici quelques faits marquants et accomplissements de ces rois :

- Philippe Auguste fut notamment connu pour avoir été un roi bâtisseur. Il étendra le territoire du Royaume par ses campagnes militaires, aménagera Paris (construction de fortifications, d'universités, pavage des rues), consolidera le pouvoir royal et participera à la troisième Croisade aux côtés de Richard Cœur de Lion contre Saladin. Il sauvera le Royaume de France contre les Anglais de Jean sans Terre et le Saint-Empire Romain Germanique d'Otton IV à la bataille de Bouvines en 1214, une des batailles les plus importantes de l'histoire du Royaume. Le résultat fut l'extension des territoires du Royaume, la récupération d'anciens territoires perdus ainsi que le renforcement de l'unité du Royaume.
- Saint Louis est probablement le plus connu des Capétiens directs. Il entrera dans la mémoire par sa forte piété : il s'agit du seul roi de France à avoir été canonisé[44]. Il œuvrera au développement de la justice et de la charité. Il créera le Conseil du roi, le Parlement de Paris et la Chambre des comptes. Enfin, il participera à la septième et à la huitième Croisade qui causera sa mort.
- Philippe IV le Bel est connu pour avoir été un roi autoritaire. Il centralisera le pouvoir royal entre autres avec l'établissement

---

[44] Sa canonisation sera faite rapidement sous le règne de son petit-fils Philippe « le Bel » par Boniface VIII en 1297, soit 27 ans après sa mort. A titre de comparaison, Jeanne d'Arc sera canonisée en 1920, soit 489 ans après sa mort.

des Parlements. Il sera en conflit avec l'Eglise catholique et déplacera momentanément la papauté à Avignon. Il réformera la monnaie, aidant l'unité économique du Royaume. Enfin, il ordonnera l'arrestation et le procès des chevaliers du Temple, accusés d'hérésie. Cela a marqué la fin de l'Ordre des Templiers en 1307.

Au sein des manuels scolaires, je constate la diminution du nombre d'occurrences pour ces rois : elles sont en moyenne divisées par trois. Néanmoins, et comme mentionné précédemment, cette évolution peut s'expliquer par la diminution du volume des manuels scolaires. Ainsi, ces rois restent cités dans des proportions similaires au fil des programmes.

Les Croisades[45] suivantes, à partir de la troisième (1189-1192) jusqu'à la huitième (1270) durant laquelle Saint Louis mourut, ne sont plus abordées au sein des manuels récents. La bataille de Bouvines reste quant à elle mentionnée depuis 1945 même si ses occurrences fluctuent selon les programmes.

Occurrence	Programme: 2015		Programme: 1947	
	Catégorie 1	Catégorie 2	Catégorie 1	Catégorie 2
Philippe II Auguste	8	5	23	4
1189-92: Troisième croisade			1	
1204: Quatrième croisade			1	
1214: Bataille de Bouvines	1	1	5	1
Louis VIII le Lion	1		2	
Blanche de Castille	1		1	
Louis IX	6	3	28	4
1247-54: Septième croisade			4	1
1268-72: Huitième croisade			4	
Philippe III le Hardi			2	
Philippe IV le Bel	4	2	17	4
Louis X			1	1
Charles IV le Bel			3	1

---

[45] Il est communément admis qu'il y eut huit Croisades majeures, sans compter les Croisades internes contre les Albigeois.

La Guerre (sans batailles) de Cent Ans (1337-1453).

La Guerre de Cent Ans évoque une période qui reste connue pour beaucoup de Français, quand bien même son issue est souvent ignorée (*cf.* chapitre IV relatif aux résultats de l'enquête). Cette guerre dura 116 ans et trouve son origine dans les revendications territoriales et les rivalités dynastiques entre les Plantagenêts d'Angleterre et les Capétiens du Royaume de France. Elle mit en scène d'illustres personnages et rois de France tels que Philippe VI, Charles VII et Jeanne d'Arc.

- Philippe VI de Valois « le Fortuné » ou « le Catholique » a régné de 1328 à 1350. La Guerre de Cent Ans débutera symboliquement avec le reniement de l'hommage[46] du roi d'Angleterre Edouard III qui adresse au roi de France une lettre avec la mention « Philippe de Valois, qui se dit roi de France » le 7 octobre 1337.
- Charles VII le Victorieux fut roi de France de 1422 à 1461. Il est nommé « Victorieux » en raison des batailles menées et sa reconquête du Royaume occupé par les Anglais durant la Guerre de Cent Ans. Son règne connaîtra également le développement de l'artillerie dans le domaine militaire et le renforcement du pouvoir royal autour du souverain.
- Jeanne d'Arc (1412-1431), Sainte patronne secondaire de la France derrière la Vierge Marie, catalyse aujourd'hui l'une des figures les plus emblématique de l'histoire de France. Née en Lorraine, elle fut guidée dans sa jeunesse par des voix divines lui ordonnant de délivrer le Royaume de France de l'occupation anglaise. A 17 ans, elle quitte son village pour offrir ses services au dauphin Charles VII. En 1429, elle mènera l'armée française à la victoire lors du siège d'Orléans. Elle délivrera plusieurs villes dont Reims où elle conduit Charles VII se faire couronner roi de France. Jeanne d'Arc sera capturée en 1430 par les Bourguignons et vendue aux Anglais. Elle sera exécutée en 1431, brûlée vive à l'issue d'un procès pour hérésie.

---

[46] Au Moyen Âge, un vassal doit l'hommage au suzerain. Ici, les rois d'Angleterre rendaient hommage au roi de France pour leurs possessions sur le Royaume de France telles que la Guyenne (actuelle Aquitaine).

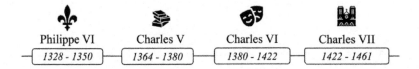

Philippe VI	Charles V	Charles VI	Charles VII
1328 - 1350	1364 - 1380	1380 - 1422	1422 - 1461

La Guerre de Cent Ans a été ponctuée par des périodes d'importantes batailles et des périodes de paix : les débâcles de Crécy et d'Azincourt, où la chevalerie française sera battue par les archers anglais, et les victoires de Patay, d'Orléans et de Castillon qui mèneront à la victoire finale de la France. C'est également l'arrivée au pouvoir de la dynastie des Valois en 1328 lorsque le dernier Capétien Charles IV est mort sans héritier direct. Philippe de Valois, neveu du grand Capétien Philippe IV « le Bel » est désigné pour monter sur le trône.

Débutons l'analyse des occurrences avec les principaux acteurs français de cette guerre. En dehors de Charles VII « le Victorieux » qui reste mentionné dans des proportions semblables aux années 1950 et 1960, il n'y a plus d'occurrences de catégorie 1 pour Philippe VI de Valois et Charles VI « le Fou ». Jeanne d'Arc, actrice incontournable de cette guerre, reste mentionnée dans les mêmes proportions qu'antan.

Impossible d'aborder une telle guerre sans en évoquer les grandes batailles qui l'ont structurée et rythmée. Le constat est simple : les batailles déterminantes de cette guerre telles que la bataille de Crécy en 1346, la bataille d'Azincourt en 1415, le siège d'Orléans en 1428-29, la bataille de Patay en 1429 et la bataille de Castillon en 1453 n'apparaissent pas dans les programmes de 2015. Sur toutes les batailles citées précédemment, il demeure au sein des programmes de 2008 une occurrence de catégorie 2 pour le siège d'Orléans et la bataille de Castillon. La Guerre de Cent Ans sera donc une guerre … sans batailles.

Chapitre 2 Contenu des programmes scolaires

Occurrence	Programme: 2015		Programme: 1947	
	Catégorie 1	Catégorie 2	Catégorie 1	Catégorie 2
Philippe VI de Valois		1	5	
1346: Bataille de Crécy			3	
Bertrand Du Guesclin			8	1
Charles VI le Fou		1	7	1
1415: Bataille d'Azincourt			4	
Charles VII	7	2	20	5
Jeanne d'Arc	4	2	11	5
1429: Siège d'Orléans			4	
1429: Bataille de Patay			1	
1453: Bataille de Castillon			3	

De Louis XI à Louis XIII (1461-1643).

Cette période est symbolisée par la transition entre le Moyen Âge, qui dura environ dix siècles (du Vème siècle jusqu'au XVème siècle) et l'époque « moderne » accompagnant le mouvement culturel, artistique et intellectuel de la Renaissance. Indépendamment des dénominations des différentes périodes, les XVème et XVIème siècles sont marqués par :

- Les guerres d'Italie, 11 au total, qui impliquèrent successivement Charles VIII, Louis XII, François Ier et Henri II. Elles ont été motivées par les revendications territoriales du Royaume de France sur Naples ;
- Le règne de François Ier et sa rivalité avec Charles Quint ;
- Les Guerres de Religion : elles ont eu lieu entre la seconde moitié du XVIème siècle et le début du XVIIème siècle. Il s'agit d'affrontements qui opposèrent les Catholiques et les Protestants du Royaume de France. L'événement le plus significatif fut le massacre de la Saint-Barthélemy en 1572 ;
- La Guerre de Trente Ans (1618-1648) a impliqué plusieurs puissances européennes et a principalement été motivée par des rivalités religieuses, politiques et territoriales. La France entre en conflit en 1635 pour réduire la puissance des Habsbourg ;
- Les guerres contre l'Espagne.

Les grands rois de cette période – Louis XI, François Ier et Henri IV – restent cités dans les mêmes proportions au fil des années, exception faite de François Ier qui sort du lot puisqu'il est mentionné dans des proportions supérieures (19 fois en 2015 contre 21 fois en 1947 et 12 fois en 1957).

Louis XI	Charles VIII	Louis XII	François Ier	Henri II	Henri IV	Louis XIII
1461 - 1483	1483 - 1498	1498 - 1515	1515 - 1547	1547 - 1559	1589 - 1610	1610 - 1643

Concernant les grandes batailles et guerres de la période, celles de Marignan 1515 et de Pavie en 1525 restent peu citées depuis la

Libération : respectivement trois et deux fois en 1947 puis deux et aucune fois en 2015. Ces batailles avaient même disparu des programmes de 2008. Les conflits ultérieurs tels que la Guerre de Trente Ans (1618-1648), le siège de La Rochelle (1627-1628) ou encore la Guerre franco-espagnole (1635-1659) ont quasiment disparu des manuels scolaires contemporains contrairement aux années 40 et 50 durant lesquelles ils étaient abordés.

Les grandes figures militaires telles que le chevalier Bayard[47], ou le connétable du Guesclin[48], ont totalement disparu des manuels scolaires : il faut remonter aux programmes scolaires de 1976 pour constater leurs dernières apparitions.

A propos des grandes éminences grises, je pense entre autres à Richelieu pour le règne de Louis XIII et Mazarin pour la régence d'Anne d'Autriche, ils restent largement cités jusqu'au programme de 1963, respectivement 21 et 13 fois (occurrences de catégorie 1). Ils ne seront plus du tout mentionnés au sein des deux derniers programmes scolaires.

Enfin, l'Edit de Nantes est constamment présent dans les programmes scolaires depuis la Libération jusqu'à nos jours. Pour rappel, l'Edit de Nantes est un édit de tolérance promulgué par le roi Henri IV en 1598 permettant aux Protestants de pratiquer leur foi sous certaines conditions. Il a contribué à mettre fin aux Guerres de Religion en France et intervient après le Massacre de la Saint-Barthélemy de 1572.

---

[47] Pierre Terrail, seigneur de Bayard (1475-1524), « le bon chevalier sans peur et sans reproche » est un des plus illustre chevalier de l'histoire de France. Il est connu pour sa bravoure et son courage au combat, son sens de l'honneur et sa loyauté envers François Ier qu'il adoubera après la bataille de Marignan.
[48] Bertrand du Guesclin (1320-1380) était connétable de France. Il œuvra à la reconquête du Royaume de France au cours la première partie de la Guerre de Cent Ans, sur la volonté de Charles V.

Comment la France raconte-t-elle son passé à ses jeunes ?

Occurrence	Programme: 2015		Programme: 1947	
	Catégorie 1	Catégorie 2	Catégorie 1	Catégorie 2
Louis XI	7	1	25	7
Charles VIII l'Affable			10	3
Louis XII le "Père du peuple"			9	1
François Ier	19	9	21	9
Bayard			2	
1515: Bataille de Marignan	2	1	3	
1525: Bataille de Pavie			2	1
Henri II			6	
Catherine de Médicis	1		2	1
1572: Massacre de la Saint-Barthélémy	1	1	4	2
Henri III			8	
Henri IV	11	3	35	6
1598: Edit de Nantes	4	3	6	2
Louis XIII le Juste			12	
Richelieu			30	12
Mazarin			23	4
1618-48: Guerre de Trente Ans		1	5	4
1627-28: Siège de La Rochelle			4	
1635-59: Guerre contre l'Espagne			1	1

De Louis XIV à Louis XVI (1643-1789).

Cette période débute avec le règne du monarque Louis XIV, appelé Louis le Grand ou le Roi-Soleil. Son règne sera notamment marqué par l'absolutisme, l'installation de la Cour à Versailles, le rayonnement des arts[49] mais également par les nombreuses guerres menées visant à accroître l'influence et les territoires de la France.

A propos des occurrences, Louis XIV reste mentionné dans des proportions similaires au cours des programmes successifs, tenant compte de la diminution de leur volume. Toutefois, les grandes figures importantes liées à son règne telles que sa mère Anne d'Autriche[50] ainsi que son principal ministre Colbert[51], ne survécurent pas à l'évolution des programmes scolaires. En effet, même si Anne d'Autriche était déjà peu citée dans les années 1940-1960 (en moyenne trois occurrences), Colbert était cité 26 fois (occurrences de catégorie 1) dans les manuels de 1947, 1957 et 1963. Il n'est cité qu'une seule fois dans les programmes de 2015 et 2008. Les guerres menées par Louis XIV : la Guerre de Dévolution (1667-1668), la Guerre de Hollande (1672-1678), la Guerre de la Ligue d'Augsbourg (1688-1697) ainsi que la Guerre de Succession d'Espagne (1701-1713) n'existent plus[52] dans les manuels scolaires contemporains (2015, 2008 et 1995).

---

[49] Molière, Racine, Jean de la Fontaine, André le Nôtre.

[50] Femme de Louis XIII et surnommée la Reine Mère, elle a assuré la régence du Royaume de France durant le jeune âge de Louis XIV, de 1643 à 1651.

[51] Jean-Baptiste Colbert (1619-1683) était un des ministres les plus importants de Louis XIV entre 1665 à 1683. Il fut notamment Secrétaire d'État à la Marine, Contrôleur Général des Finances, Secrétaire d'État à la maison du roi. Il œuvra dans les réformes économiques (Colbertisme, fiscalité, budget) ainsi que les réformes administratives (intendances, rédaction de Codes visant à standardiser le droit français).

[52] Une occurrence de catégorie 1 a été relevée pour la Guerre de Succession d'Espagne dans les manuels de 2008.

Les règnes de Louis XV et Louis XVI, marqués par le mouvement des « Lumières[53] », ne sont pas significativement abordés au sein de manuels contemporains (aucune occurrence de catégorie 1 pour Louis XV et six occurrences pour Louis XVI, évoqués principalement dans le cadre de la Révolution française). Le constat général relatif aux guerres, ici la Guerre de Succession d'Autriche (1740-1748) et la Guerre de Sept Ans (1756-1763), reste le même : elles ont également disparu.

Occurrence	Programme: 2015		Programme: 1947	
	Catégorie 1	Catégorie 2	Catégorie 1	Catégorie 2
Anne d'Autriche			3	
Louis XIV	19	6	101	39
Colbert	1		26	9
1667-68: Guerre de Dévolution			3	1
1672-78: Guerre de Hollande			2	1
1685: Révocation de l'Edit de Nantes	1	1	8	4
1688-97: Guerre de la ligue d'Augsbourg			2	2
1701-13: Guerre de succession d'Espagne			2	1
Louis XV, le Bien-Aimé		2	23	6
1740-48: Guerre de succession d'Autriche			3	1
1756-63: Guerre de Sept-Ans			7	3
Louis XVI	6	4	68	10

---

[53] Le mouvement des Lumières a émergé en France au XVIIIème siècle. Il a eu une grande influence sur la pensée européenne et se caractérise notamment par la remise en question des institutions et les valeurs traditionnelles de la société.

La Révolution française.

Cette période est sans doute la plus emblématique de toute l'histoire de France. Elle est symbolisée par la rupture entre ce qui est appelé l'Ancien Régime[54] et l'époque « contemporaine ».

Les principaux jalons de la Révolution française sont les suivants :

- Les états généraux de 1789 : l'objectif initial était de solutionner la crise financière et économique, mais de plus profondes revendications sont émises au sein des « cahiers de doléances » ;
- Le serment du Jeu de paume du 20 juin 1789 : les députés du Tiers Etat se proclament « Assemblée nationale » mais Louis XVI fait fermer la salle des députés du Tiers Etat. Ils se retrouvent en salle du jeu de paume où ils font le serment de ne pas se séparer avant d'avoir rédiger une nouvelle Constitution ;
- La prise de la Bastille le 14 juillet 1789 ;
- La Déclaration des Droits de l'Homme et du Citoyen le 26 août 1789 ;
- La proclamation de la Convention le 21 septembre 1792 ;
- La prise des Tuileries le 10 août 1792, le roi est arrêté ;
- L'exécution de Louis XVI le 21 janvier 1793 : « Peuple je meurs, innocent des crimes qu'on m'impute. Je pardonne aux auteurs de ma mort, et je prie Dieu que le sang que vous allez répandre ne retombe pas sur la France » ;
- La Terreur entre 1793 et juillet 1794. Cette période est caractérisée par une répression extrême et des exécutions de masse menées par le gouvernement révolutionnaire dirigé par le Comité de Salut Public. Les principales figures de cette période sont Robespierre, Danton et Marat ;
- Le Directoire de 1795 à 1799. Il s'agit du régime politique qui a succédé à la période de la Terreur.

---

[54] L'Ancien Régime désigne la période de l'histoire de France qui s'étend du Moyen Âge jusqu'à la Révolution française.

Les États généraux, le serment du Jeu de paume, la prise de la Bastille ainsi que la proclamation de la Convention sont cités dans les mêmes proportions au sein des manuels scolaires contemporains. La Déclaration des Droits de l'Homme et du Citoyen du 26 août 1789 apparaît globalement le même nombre de fois (occurrences de catégorie 1) depuis 1945 : entre trois et cinq fois. Les figures de la Révolution telles que Robespierre ou Danton connaissent une forte diminution de leurs mentions : ils passent d'une vingtaine d'occurrences dans les années 40 et 50 à quelques occurrences dans les programmes récents : respectivement deux et zéro pour les programmes de 2015 et 2008. La période de la Terreur (1793-1794) reste mentionnée de manière stable au fil des programmes tandis que le régime du Directoire (1795-1799) disparaît à partir du programme de 2008.

Occurrence	Programme: 2015		Programme: 1947	
	Catégorie 1	Catégorie 2	Catégorie 1	Catégorie 2
Etats généraux / Serment	3	2	18	6
Prise de la Bastille	1	3	8	6
DDHC	3	5	3	3
1792: Proclamation de la Convention	4	2	6	
1792: Bataille de Valmy			6	3
1793-94: La Terreur	1	2	8	2
Robespierre et Danton	2	2	25	1
1793-96: Guerre de Vendée			2	
1795: Directoire			17	7

Le Consulat et l'Empire (1789-1815).

Passons à la période napoléonienne, à savoir le Consulat (1799-1804) et l'Empire (1804-1815). Napoléon Bonaparte réalise en 1799 le « coup d'Etat du 18 brumaire » : le régime du Consulat est proclamé. En 1804, l'Empire français sera proclamé et Napoléon sacré Empereur. Au fil des années, Napoléon reste largement abordé au sein des manuels scolaires, toujours dans des proportions similaires : j'ai observé 107 occurrences en 1947 contre 15 en 2015. Le coup d'état reste mentionné une fois dans les programmes contemporains. Durant cette période, deux occurrences augmentent au fil des années :

- Le rétablissement de l'esclavage[55] en 1802, passant d'une occurrence entre 1947 et 2008 à deux occurrences au sein des derniers manuels scolaires ;
- Le Code civil de 1804, passant de deux occurrences en 1947 à six pour les programmes de 2008 et 2015.

Napoléon aurait vu juste dans son mémorial[56] : « Ma vraie gloire n'est pas d'avoir gagné quarante batailles ; Waterloo effacera le souvenir de tant de victoires. Ce que rien n'effacera, ce qui vivra éternellement, c'est mon Code civil ! ». En dehors du rétablissement de l'esclavage, Napoléon a également été visionnaire dans ce que l'on retiendra de lui, du moins ce qui restera enseigné au collège.

Napoléon mènera de multiples campagnes militaires appelées « campagnes napoléoniennes » :

- La première campagne d'Italie (1796-1797) avec la bataille de Rivoli ;
- L'expédition d'Égypte[57] (1798-1799) ;

---

[55] En 1802, le rétablissement de l'esclavage dans les colonies françaises est prononcé. Il avait été aboli en 1794 sous le régime de la Convention.
[56] Dans le *Mémorial de Sainte-Hélène* rédigé par Emmanuel de Las Cases, on retrouve l'ensemble des réflexions et des échanges de Napoléon pendant son exil sur l'île de Sainte-Hélène à la suite de la défaite de Waterloo.
[57] Une exception est faite pour la campagne d'Egypte, citée dans les manuels de

- La seconde campagne d'Italie (1800-1801) avec la bataille de Marengo ;
- La campagne d'Allemagne (1805) avec la bataille d'Austerlitz ;
- La campagne de Prusse et de Pologne (1806-1807) avec les batailles d'Iéna, Eylau et Friedland ;
- Les guerres d'Espagne (1808-1812) ;
- La campagne d'Autriche (1809) avec la bataille de Wagram ;
- La campagne de Russie (1812-1813) avec la prise de Moscou ou la Bérézina ;
- La campagne de Belgique (1815) avec la bataille finale de Waterloo.

Dans la droite lignée de la disparition des affrontements, la majorité aura quasiment disparu de l'enseignement scolaire. Ce qu'il demeure dans les programmes de 2015 : une occurrence de la bataille d'Austerlitz, deux occurrences des guerres d'Espagne et une apparition de la bataille de Waterloo au sein d'une frise chronologique (occurrence de catégorie 2). Au même titre que la bataille de Valmy de 1792, les batailles napoléoniennes ne sont quasiment plus évoquées au sein des manuels scolaires. Cette baisse significative des occurrences est observée à partir des programmes de 1995. Vincent Badré fait référence à Dimitri Casali qui : « s'est alarmé de la place réduite et partiellement optionnelle de Napoléon dans les nouveaux programmes de quatrième et de seconde. Les nouveaux manuels montrent toujours Napoléon, mais la description de son activité militaire s'est réduite comme peau de chagrin ».

Enfin, le Congrès de Vienne de 1815, conférence diplomatique réunissant les principales puissances européennes pour négocier les réorganisations territoriales et politiques à la suite des guerres napoléoniennes et la chute de Napoléon, n'est également plus cité en 2015. Il restera mentionné jusqu'en 2008 avec six occurrences.

---

sixième dans les chapitres dédiés à la civilisation égyptienne, avec la découverte de Champollion sur les hiéroglyphes.

Occurrence	Programme: 2015		Programme: 1947	
	Catégorie 1	Catégorie 2	Catégorie 1	Catégorie 2
Napoléon Bonaparte	15	17	107	22
1796-97: Campagne d'Italie			5	4
1797: Bataille de Rivoli			1	1
1798-99: Expédition d'Egypte			4	1
1799: Coup d'Etat du 18 brumaire	1	1	6	2
1802: Rétablissement de l'esclavage	2	1	1	
1804: Proclamation Empire / sacre	1		4	1
1804: Code civil	6	4	2	1
1805: Bataille d'Austerlitz	1		3	2
1806: Bataille de Iena			3	
1806: Bataille d'Auerstaedt			2	
1806: Bataille d'Eylau			2	
1806: Bataille de Friedland			3	
1808-12: Guerres d'Espagne	2		2	
1809: Bataille de Wagram			2	
1812-13: Campagne de Russie			4	3
1815: Bataille de Waterloo		1	5	3
1815: Congrès de Vienne			7	4

Le XIXème siècle (1815-1914).

Le XIXème siècle a été un siècle de grands bouleversements économiques et politiques. Il a également été le théâtre de la Révolution industrielle et du développement des mouvements et idéaux sociaux à l'image du socialisme.

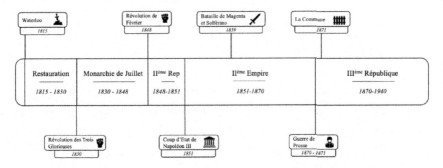

-   La Restauration (1814-1830) désigne les deux périodes de rétablissement de l'Ancien Régime. La première intervient après l'invasion de la France et l'abdication de Napoléon en 1814 : Louis XVIII est alors roi de France, jusqu'au retour de l'Empereur de l'île d'Elbe et la période des « Cent jours[58] » en 1815. La deuxième Restauration fait suite à la défaite de Waterloo en 1815 : alors que Napoléon est envoyé sur l'île de Sainte-Hélène, Louis XVIII revient sur le trône de France. Il sera succédé par Charles X le « roi Ultra ». Le régime en place est alors une monarchie constitutionnelle avec comme texte de référence la Charte[59].

---

[58] Les « Cent jours » font référence à l'intervalle entre le 20 mars et le 22 juin 1815 durant lequel Napoléon s'échappe de l'île d'Elbe et reprend le pouvoir.
[59] La Charte, ou Charte constitutionnelle, est un texte qui définit les bases d'une monarchie constitutionnelle en France durant la période de la Restauration. Elle reconnaît certaines libertés civiles, établit une séparation des pouvoirs et instaure un régime parlementaire bicaméral. Bien que conservant des aspects de l'Ancien Régime, elle marquait la volonté d'intégrer certaines des évolutions issues de la Révolution et de l'Empire.

La Révolution des « Trois Glorieuses[60] » met fin à la deuxième Restauration.

- La Monarchie de Juillet (1830-1848) désigne la période de règne de Louis-Philippe Ier le « Roi Bourgeois ». Il est le cousin de Charles X et sera le dernier roi de France. Il respecte le régime constitutionnel mais la Charte est révisée : elle devient plus libérale et restreint les pouvoirs du roi. La Révolution de Février[61] ou le « Printemps des peuples » marque la fin de ce régime.

- La Deuxième République (1848-1852) a vu la mise en place d'un gouvernement républicain avec l'élection du premier président de la République française : Louis-Napoléon Bonaparte, neveu de Napoléon Ier. Pour rappel, la Première République regroupe la période comprise entre 1792 et 1804 avec les régimes successifs de la Convention, le Directoire et le Consulat. Louis-Napoléon Bonaparte, dans l'impossibilité constitutionnelle de se présenter à un second mandat, a recours à la force le 2 décembre 1851 : il dissout l'Assemblée et le Conseil d'Etat, proclame l'état de siège, c'est le coup d'état.

- Le Deuxième Empire (1852-1870) : Louis-Napoléon Bonaparte devient Napoléon III, empereur des Français. Cette période connaît un développement économique rapide avec une croissance industrielle et une modernisation des infrastructures (industries, chemins de fer). Ce système connaît également d'importantes évolutions sociales : le droit de grève et la création des chambres syndicales en 1868. Sur le plan militaire, les batailles de Magenta et Solférino se déroulent en Italie en 1859, l'intervention au Mexique entre 1861 et 1867 et enfin la guerre contre la Prusse[62] en 1870. Elle marque la fin du Deuxième Empire.

---

[60] Les 27, 28 et 29 juillet 1830.
[61] Les 23, 24 et 25 février 1848.
[62] La Guerre de Prusse, également appelée guerre franco-allemande, opposa le Deuxième Empire de Napoléon III aux Etats allemands dirigés par la Prusse de

- La Troisième République (1870-1940) est proclamée le 4 septembre par les trois Jules (Ferry, Favre et Simon) et Léon Gambetta. Un gouvernement de Défense nationale est formé pour faire face à la Prusse. Paris finira par capituler et officialiser l'armistice franco-allemand en 1871. Entre le 18 mars et le 28 mai 1871, Paris connaîtra un gouvernement local insurrectionnel : la Commune.

De manière générale, j'ai observé un nombre important d'occurrences pour les grandes dates et personnages de cette période. Il y a néanmoins deux exceptions notables pour lesquelles les occurrences ont significativement diminué : celles d'Adolphe Thiers et celles de la loi de 1905 relative à la séparation des Églises et de l'Etat. La Révolution de 1848 est mentionnée de manière équivalente dans les programmes de 1947 et 2015. Les mentions de la Commune de Paris (1871) restent stables au fil des années.

Les disparitions d'occurrences concernent une nouvelle fois les batailles : Magenta et Solferino en 1859 sous le règne de l'empereur Napoléon III. La Guerre de Prusse de 1870, reste quant à elle citée : deux occurrences sont observées au sein des programmes de 2015, 2008 et 1995.

Bismarck et Guillaume Ier. Il s'agit de l'une des défaites les plus significative de l'histoire de France : elle se solde par la perte de l'Alsace et la Moselle et constituera une des causes de la Première Guerre mondiale.

Occurrence	Programme: 2015		Programme: 1947	
	Catégorie 1	Catégorie 2	Catégorie 1	Catégorie 2
Restauration	3	3	2	
Louis XVIII	2	1	18	2
Charles X	3	1	15	2
1830: Les "Trois glorieuses"	1	2	10	7
Louis-Philippe, le roi Bourgeois	3	2	33	7
1830-48: Monarchie de Juillet	1	1	10	3
1830-47: Conquête de l'Algérie	5	3	11	2
1848: Révolution de février	7	3	8	7
1848-52: Deuxième République	6	3	7	7
Napoléon III	6	7	78	14
1851: Coup d'Etat	3	2	9	4
1852-70: 2nd Empire	3	3	21	12
1859: Bataille de Magenta			4	1
1859: Bataille de Solférino			4	2
1870: Guerre contre la Prusse	2		14	5
Gambetta	1	2	9	3
Adolphe Thiers		1	25	9
1870: Troisième République	2	1	30	10
1871: Commune de Paris	4	2	9	5
Mac Mahon			20	3
Jean Jaurès	2	3	1	

De la Première Guerre mondiale jusqu'à nos jours.

Analyser l'évolution des occurrences pour cette période de l'histoire est spécifique puisqu'il s'agit de faits récents pour une partie du périmètre d'étude, notamment les programmes scolaires de 1947, 1957 et 1963. En effet, au sein de ces manuels scolaires, la Seconde Guerre mondiale n'est pas ou peu évoquée compte tenu de leur proximité temporelle. Pour les manuels scolaires suivants, je relève d'importantes variations des occurrences pour les deux conflits mondiaux : l'analyse de leur évolution n'est pas pertinente.

Je relève toutefois la disparition des grands personnages tels que le maréchal Foch, Georges Clémenceau ou encore le maréchal Joffre des manuels contemporains. Ils étaient alors cités respectivement quatre, cinq et quatre fois au sein des manuels scolaires du programme 1947.

Analyse de l'apparition des occurrences.

Afin de traiter l'apparition des occurrences au sein des manuels scolaires, j'ai fait une unique partie pour l'intégralité de l'histoire de France en raison de leur rareté. En effet, compte tenu de la diminution du volume d'apprentissage, la tendance principale est la disparition ou la diminution des occurrences. Ainsi, selon les occurrences sélectionnées dans la méthodologie, j'observe uniquement cinq augmentations au fil des années, en excluant les périodes qui succèdent la Première Guerre mondiale.

Parmi ces cinq occurrences, il y a les deux occurrences mentionnées précédemment : le rétablissement de l'esclavage en 1802 et le Code civil en 1804. La troisième occurrence concerne Philippe V « le Long ». Néanmoins, il s'agit uniquement d'une mention dans les programmes de 2015, contre une occurrence de catégorie 2 pour le programme scolaire de 1947 : cela est trop peu pour considérer une tendance volontaire. La quatrième est la Restauration, elle passe de deux occurrences en 1947 à trois en 2015 (et trois occurrences de catégorie 2). Enfin, Jean Jaurès connait également une augmentation de ses occurrences de catégories 1 et 2.

Ainsi, en dehors des 224 occurrences sélectionnées initialement, j'ai souhaité voir quelles sont les autres apparitions. Au sein des périodes de l'Antiquité et du Moyen Âge, je n'ai pas constaté d'apparitions : elles se concentrent sur les périodes contemporaine et moderne. Elles portent principalement sur les femmes, par exemple Olympe de Gouges[63], et sur les personnages clés des indépendances coloniales tel que Victor Schœlcher.

---

[63] Olympe de Gouges (1748-1793) était une figure de la Révolution française et une écrivaine engagée. Elle est célèbre pour sa Déclaration des droits de la femme et de la citoyenne en réponse à la DDHC, dans laquelle elle revendiquait l'égalité des droits entre les sexes. Elle a été guillotinée en 1793 par le régime révolutionnaire pour son engagement politique.

Remarques générales sur l'évolution des occurrences au sein des manuels scolaires.

Diminution du volume d'apprentissage

A travers la lecture de quasiment un siècle de manuels scolaires, l'évolution la plus significative est la diminution de leur volume. En effet, en termes de quantité, le manuel scolaire de sixième du programme de 1947 comportait 306 pages contre 147 pour les manuels du programme de 2015. Cela représente une réduction de plus de 50% du volume, malgré l'ajout *de facto* de nouveaux éléments historiques au fil du temps. Pourtant, le temps alloué à la matière n'a pas significativement évolué[64] : avant 1969, il était de 3h30 pour les classes de sixième et cinquième et de 3h00 pour les classes de quatrième et troisième. Après 1969, le nombre d'heures allouées est de 3h00 pour toutes les classes et tous les programmes successifs à l'exception de la classe de troisième du programme de 2015 qui alloue 3h30 à cette matière.

Evolution de la méthode d'apprentissage et la place de l'illustration

La deuxième évolution que j'ai relevée en parcourant les manuels scolaires est l'évolution des méthodes d'apprentissage et la part croissante qu'occupent les illustrations et les documents au fur et à mesure des programmes. Le XXème siècle a été le lieu du questionnement de la place du manuel scolaire dans l'enseignement : le recours au manuel se diversifie et son rôle, au-delà de sa lecture et sa consultation, est de mettre à disposition des élèves des ressources et documents leur permettant d'appréhender le cours de manière différente.

Les manuels de la première moitié du siècle accordent une place importante au texte selon un modèle dit « encyclopédique ». Nicole Lucas, agrégée et docteur en Histoire, considère[65] que « le

---

[64] Selon le rapport Girault, page 23.
[65] Atala n°3 – L'histoire de la source à l'usage (2000).

manuel affirme sa valeur culturelle, son statut est indiscuté. Les programmes, les textes institutionnels, les recommandations pédagogiques et les utilisateurs le placent au cœur du dispositif. Il demeure dépositaire central des savoirs à transmettre ». Les manuels de la période 1957-1970 s'inscrivent dans le modèle « illustratif » : la démarche intellectuelle reste rigoureuse mais l'utilisation de l'image est croissante. « Le livre de classe n'a pas perdu son rôle central, son lustre, mais on l'entoure d'un grand nombre de satellites ». Le manuel de 5ème du programme 1963[66] propose deux utilisations du manuel au professeur : soit la méthode traditionnelle à partir du récit continu et complété avec les illustrations, soit la méthode d'éducation active à partir de « l'observation et la description des documents par les élèves ». Les manuels des années 1970-1992 « sont organisés à partir de documents qui soutiennent la démonstration, valident les savoirs à transmettre. Tout ce qui peut attirer l'attention et rapprocher le manuel du vécu des élèves ou amener les informations dans un contexte ouvert est désormais admis par les maisons d'édition ». Le modèle de ces manuels est dit « démonstratif ». Le manuel de 5ème du programme de 1977 précise dans sa préface l'approche adoptée : « Nous pensons que l'histoire et la géographie doivent s'étudier à partir de l'observation de documents concrets. C'est pourquoi nous avons décidé de consacrer environ les deux tiers de l'ouvrage aux documents ». Au sein de la revue Atala, Nicole Lucas achève son étude avec les manuels de 1992, cependant je suis en mesure d'affirmer que le modèle « démonstratif » se poursuit jusqu'aux manuels contemporains. En effet, les manuels des derniers programmes font la part belle à l'utilisation de l'illustration et la documentation y est pléthorique : cartes, frises chronologiques, dessins, etc.

L'évolution des manuels scolaires et leur utilisation accompagne l'évolution des méthodes d'apprentissage. En effet, après la Seconde Guerre mondiale l'histoire était enseignée par la transmission d'une somme de connaissances allant du professeur

---

[66] Edition Hachette.

vers les élèves. De manière progressive, la méthode d'apprentissage a évolué vers une méthode dite « inductive » ou « active », partant de données brutes, de documents, de questions pour aller vers les explications et la construction de l'apprentissage par l'élève. Les chapitres d'histoire sont abordés dans un premier temps par la documentation des manuels pour aller vers la construction conjointe du cours par l'élève et le professeur. Autrement dit, après 1969 les démarches d'apprentissage s'appuient sur un nouveau mode d'utilisation du document, le professeur doit permettre aux élèves de construire leurs connaissances par l'analyse de documents historiques qui n'ont pas qu'une visée illustrative. Le récit n'a plus sa place dans l'enseignement. Pour Vincent Badré : « selon les tenants de ce constructivisme pédagogique, on apprendrait mieux en reproduisant les gestes mentaux attribués au chercheur scientifique. Dépourvu de connaissances préalables du chercheur, l'élève se trouve en fait condamné à la paraphrase et prisonnier au choix de documents qui lui est présenté, sans pouvoir critiquer et relativiser les informations qui lui sont présentées ».

Concentration des occurrences autour de personnages ou faits majeurs

Le troisième constat est la concentration des occurrences autour de certains personnages de l'histoire de France. Auparavant, quasiment l'intégralité des 224 occurrences que j'ai pu sélectionner dans ma méthodologie était abordée au sein des manuels scolaires les plus anciens, même dans des proportions moindres. Les grandes figures hégémoniques telles que Charlemagne, François Ier ou encore Louis XIV demeurent au sein des manuels scolaires dans les mêmes proportions au fil des années, toujours tenant compte de la diminution du contenu des manuels scolaires. Toutefois, j'ai constaté que d'autres personnages ou faits historiques considérés moins significatifs avaient disparu des programmes scolaires. Le constat de Georges Minois exposé dans l'introduction trouverait donc une part de vérité.

Ainsi, selon les évolutions observées dans l'analyse quantitative, des occurrences restent enseignées et d'autres disparaissent. J'ai conscience que, compte tenu de la diminution du volume d'apprentissage et de l'introduction de nouveaux éléments historiques, l'élaboration des programmes et des manuels scolaires est contrainte d'effectuer un ciblage sur certains personnages. Toutefois, je considère ce parti pris discutable car il engendre plusieurs conséquences :

-   (i) La disparition totale de certains personnages : leur connaissance devient alors tributaire du professeur et du temps imparti pour le respect du programme ;
-   (ii) L'appauvrissement de la multiplicité des personnages qui composent l'histoire de France et sa richesse historique ;
-   (iii) Une vision davantage partielle, donc plus subjective, de l'histoire de France. Cela peut entraîner une distorsion de la réalité historique, de surcroît pour les personnages ayant joué un rôle important.

La disparition de l'histoire-bataille : les manuels pacifiés par l'absence des guerres et des batailles

Nous l'avons vu lors des différents chapitres précédents (*e.g.*, la Guerre de Cent Ans, les guerres de Louis XIV, les batailles napoléoniennes, la Guerre de Prusse), les conflits ont progressivement disparu ou diminué significativement des manuels scolaires. Ce constat est d'autant plus marquant puisqu'il touche toutes les périodes étudiées indépendamment de l'importance du conflit.

J'ignore si cette évolution a été spécifiquement souhaitée ou si elle résulte d'une mise à l'écart liée à la diminution du volume d'apprentissage relevée précédemment. Néanmoins, ce constat s'inscrit dans la disparition de « l'histoire-bataille », constituant « l'histoire événementielle » fondée sur les grands faits et leur chronologie. Elle s'oppose à l'histoire non événementielle et l'Ecole des Annales (définie ci-après), qui s'intéresse à adopter une approche holistique et interdisciplinaire de la matière. Selon Patricia Legris, durant les années 1920, Marc Bloch, figure célèbre de l'Ecole des Annales, reprochait aux programmes d'histoire du secondaire « leur caractère encyclopédique, les considérant comme une accumulation de faits organisés autour d'une histoire essentiellement politique, diplomatique et militaire mettant en avant les grands hommes ».

CHAPITRE III

PROCESSUS D'ELABORATION DES PROGRAMMES

Préambule : Ce chapitre a pour objectif de présenter l'historique et l'évolution du processus d'élaboration des programmes scolaires depuis 1945 jusqu'à nos jours. Il a également pour but de mettre en lumière les différents acteurs dont le mandat premier n'est pas l'élaboration des programmes mais qui les ont ponctuellement influencés. Le chapitre respecte l'ordre chronologique des réformes et s'appuie largement sur les travaux de Patricia Legris, notamment son livre « Qui écrit les programmes d'histoire ? » au sein duquel des passages sont directement repris. Les travaux de Vincent Badré dans ses livres « L'histoire politisée ? » et « L'histoire fabriquée ? » ainsi que Laurent Wetzel dans son livre « Ils ont tué l'histoire-géo » ont également été utilisés. Afin de resituer le contexte et les périodes, les présidents de la République française et les ministres de l'Education nationale sont repris en annexe B.

Etapes clés de l'enseignement de l'histoire en France.

L'apprentissage officiel et standardisé de l'histoire en France trouve son origine au XIXème siècle, plus précisément durant la période de la monarchie de Juillet (1830-1848). François Guizot, alors ministre de l'Instruction publique de 1832 à 1837, a promulgué une série de réformes éducatives importantes. En 1833, la « loi Guizot » créa le premier cadre réglementaire pour l'éducation primaire en France. Cette loi a notamment rendu obligatoire la présence d'une école dans chaque commune de plus de 500 habitants et a posé les bases d'une formation pour les enseignants. Même s'il est difficile d'identifier clairement l'apparition des programmes d'histoire tels que nous les connaissons aujourd'hui, François Guizot a joué un rôle clé dans l'évolution du système éducatif français et conduit au développement de programmes d'histoire uniformes. En 1863, sous le Deuxième Empire, le ministre de l'Instruction publique Victor Duruy a rendu obligatoires les études historiques en classe de terminale. En 1867, l'histoire et la géographie sont devenues obligatoires dans l'enseignement primaire, et la création d'écoles pour filles obligatoire pour les communes de plus de 500 habitants.

Incontournables, les lois Ferry de 1881 et 1882 marquent une étape clé dans l'éducation en France qui devient un moyen de diffuser les valeurs de la République et de créer une identité nationale unifiée. L'instruction primaire devient gratuite, laïque et obligatoire pour les enfants de 6 à 13 ans. Selon Laurent Wetzel, Jules Ferry « portera en grande estime Victor Duruy, qui avait poussé loin l'idée de l'enseignement primaire obligatoire, et avait donné aux communes la possibilité de le rendre entièrement gratuit. Il s'entourera souvent de ses précieux conseils ». L'année 1959 marquera également l'obligation de scolarisation jusqu'à l'âge de 16 ans dans le cadre de la réforme Berthoin[67] : « L'instruction est obligatoire jusqu'à l'âge de seize ans révolus pour les enfants des deux sexes français et étrangers, qui atteindront l'âge de six ans à partir du 1er janvier 1959 ».

---

[67] Ordonnance n° 59-45 du 6 janvier 1959 portant prolongation de la scolarité obligatoire, article 1.

Avant de poursuivre ce chapitre, il convient de préciser que les programmes scolaires s'appliquent par arrêtés ministériels. Ils n'émanent pas de lois votées selon le chemin parlementaire classique mais sont signés directement par le ministre de l'Education nationale et publiés au Bulletin Officiel de l'Education Nationale (BOEN). Ils peuvent être complétés par des circulaires.

Elaboration des programmes post Seconde Guerre mondiale (1944-1957).

Au lendemain des deux Guerres mondiales, « l'instabilité gouvernementale et parlementaire du régime politique de la Quatrième République empêche l'aboutissement d'une réforme éducative globale et rend difficile tout changement des contenus d'enseignement » écrit Patricia Legris. En 1944, le ministre de l'Education nationale, René Capitant, crée dans le cadre du projet de réforme du système d'enseignement et conformément au programme du gouvernement du Conseil National de la Résistance (CNR), la Commission ministérielle d'études pour la réforme de l'enseignement. Elle sera présidée initialement par Paul Langevin puis par Henri Wallon. Le premier programme post-Libération est arrêté en 1947.

Le programme suivant a été publié en 1957[68]. Il résulte d'une cogestion formée par l'Inspection Générale de l'Instruction Publique (IGIP) et la Société des Professeurs de l'Education nationale[69] (SPHG). Cette cogestion est placée sous le contrôle du ministre de l'Education nationale. L'IGIP a été créée en 1852 et selon le ministère de l'Education nationale, elle est « compétente aussi bien pour l'administration que l'enseignement, dans les écoles élémentaires, les lycées et les établissements d'enseignement supérieur ». En 1980, elle devient l'Inspection Générale de l'Education Nationale (IGEN), et « se tournera essentiellement vers la pédagogie et l'inspection des personnels enseignants ». La SPHG est une association loi 1901 fondée en 1910 au lycée Louis-le-Grand et évoluera par la suite en Association des Professeurs d'Histoire et de Géographie (APHG). Elle a pour principal objectif[70] le « combat en faveur de ces deux matières [l'histoire et la géographie], non pas dans un but corporatif de défense étroite d'intérêts catégoriels, mais dans une

---

[68] Arrêté du 19 juillet 1957, BOEN, n° 30, 25 juillet, pp. 2467-2471.
[69] Rapport « *Quelles évolutions pour les inspections générales des ministères en charge de l'éducation nationale et de l'enseignement supérieur et de la recherche ?* » n° 2018-004 de janvier 2018.
[70] Source : *https://www.aphg.fr/-L-association-.*

perspective citoyenne où les intérêts des élèves et des enseignants sont étroitement associés afin que les deux parties s'épanouissent au sein de la République ».

Ainsi, la production des programmes de 1957 fut l'œuvre conjointe d'une structure étatique, à savoir l'IGIP qui en détient le quasi-monopole, et d'une association de professeurs experts de l'enseignement et représentants de la profession, la SPHG, qui se prononce sur les projets et participe à l'écriture des programmes.

Intervention politique : Durant cette période, selon Patricia Legris, différents acteurs suggèrent d'intégrer de nouveaux éléments dans l'apprentissage historique. En effet, Jean Célérier, directeur d'études à l'Institut des Hautes études marocaines, propose « d'intégrer dans l'histoire nationale la civilisation musulmane ». Henri Brunschwig propose quant à lui de promouvoir « un enseignement chargé de former des européens ». Egalement, une commission de l'enseignement d'Outre-mer s'est créée le 19 décembre 1950 et revendique notamment « d'élargir l'enseignement de l'histoire et de la géographie aux autres civilisations » et que « l'étude des pays de l'Union française, autres que la France métropolitaine, fasse une large place à l'étude des populations indigènes, de leurs caractères ethniques, de leurs civilisations, de leur évolution ».

Elaboration des programmes entre 1958 et 1974 : Pompidou et Valéry Giscard d'Estaing.

Entre les années 1958 et 1974, deux réformes des programmes ont été réalisées : celle de 1963[71] et de 1969[72]. Ces programmes ont été produits par les IGIP d'histoire-géographie.

Ces années ont été marquées par des tensions et oppositions entre les acteurs traditionnels, à savoir l'IGIP, la SPHG et des hauts fonctionnaires tels que Guy Palmade, souhaitant réformer les programmes. Toujours selon Patricia Legris, « ces tensions se retrouvent dans les modalités d'écriture des programmes. Les tenants d'un maintien des programmes en vigueur confient l'écriture des programmes aux seuls IGIP (1963 et 1969). D'autres circuits mobilisent, aux côtés d'inspecteurs favorables à une ouverture aux sciences sociales, des historiens et des représentants des enseignants. Un changement est observable à partir de 1969 : la SPHG n'a plus le monopole de la représentation des professeurs d'Histoire dans les réflexions disciplinaires. Entrent dans le circuit d'écriture des didacticiens de l'Institut Pédagogique National (IPN[73]) , mais aussi des représentants du Syndicat National des Enseignants du Second degré (SNES). Les modes d'écriture des années de la présidence Pompidou sont de plus en plus complexes car tous les acteurs engagés de près ou de loin ne maîtrisent qu'une partie des enjeux ».

> *Intervention politique : Le général de Gaulle intervenait peu dans le domaine de l'éducation durant sa présidence, tandis que son premier ministre Georges Pompidou en faisait son « domaine réservé ». Patricia Legris décrit « une présidentialisation du circuit d'écriture des programmes d'Histoire » entre 1969 et 1974. Par exemple, en 1969, lors de conseils restreints à l'Elysée, Georges Pompidou « intervient en faveur d'une chronologie centrée sur les grands hommes et contre l'insertion de l'histoire*

---

[71] Arrêté du 7 mai 1963, BOEN, n° 30 du 25 juillet 1963.
[72] Arrêté du 10 septembre 1968, BOEN, n° 37 du 2 octobre 1969.
[73] Devenu aujourd'hui l'Institut Français de l'Education (IFE).

économique et sociale dans les programmes ». Patricia Legris conclura « le contrôle de la Présidence a mené à la publication de nouveaux programmes de collège peu innovants. Cette pression exercée par l'équipe de Pompidou va, de même, conduire à l'enlisement de tout projet pour le second cycle ».

Elaboration des programmes entre 1974 et 1983 : la « réforme Haby ». La création du « collège unique » vise à améliorer l'éducation en France.

La « réforme Haby » de 1975 et sa déclinaison en programmes[74] a été réalisée dans un contexte de crise économique et sociale de la France : les événements de Mai-68. Selon la volonté du président de la République de l'époque, Valéry Giscard d'Estaing, cette réforme met en place le collège unique qui supprime la distinction entre le Cours d'Enseignement Secondaire (CES) et le Cours d'Enseignement Général (CEG). Le brevet des collèges remplace quant à lui le Brevet d'Etudes du Premier Cycle du second degré (BEPC). La réforme a unifié ces deux systèmes en un seul afin de donner à tous les élèves la même éducation de base. La réforme a également structuré l'enseignement en cycles et élargi la variété des matières : la technologie, les arts plastiques et l'Education Physique et Sportive (EPS). Le principal but de cette réforme était de lutter contre les inégalités sociales et scolaires.

Toujours selon Patricia Legris, « à côté de la Présidence, du ministre et de l'IGIP, les didacticiens ont joué un rôle important dans la définition » des contenus du programme de 1977. Les programmes ont reçu de vives critiques dans les premières années et ont fait l'objet d'oppositions. L'APHG interpellera Valéry Giscard d'Estaing « par la remise en décembre 1977 d'une pétition[75] lancée en juin 1976 pour l'inviter à exercer une pression sur René Haby ». La réforme Haby a reçu plusieurs critiques, notamment celle du nivellement par le bas.

L'intention de dispenser une éducation uniforme à tous les élèves, indépendamment des aptitudes individuelles, aurait entraîné une diminution générale des standards et des exigences académiques.

---

[74] Arrêté du 17 mars 1977, BO n° 11, 24 mars 1977, pp. 779-782.

[75] « Pétition des professeurs d'histoire et de géographie de l'enseignement public à Valéry Giscard d'Estaing », *Historiens et géographes*, n° 258, juin 1976. Cette pétition recueille 24 401 signatures, dont celles des responsables des syndicats d'enseignants, d'historiens, de membres des académies, d'Alain Decaux et de parlementaires de tous bords.

De plus, au lieu d'atteindre l'objectif initial d'égalité, la réforme aurait non seulement perpétué, mais aussi potentiellement accru les inégalités. En particulier, la mise en place du collège unique aurait empêché les élèves issus de milieux défavorisés d'accéder à des parcours d'enseignements plus spécialisés. Par ailleurs, la réforme a été critiquée pour sa prise en compte insuffisante des particularités individuelles parmi les élèves : l'orientation professionnelle a été reléguée au second plan, devenant moins importante à l'issue de la cinquième. Cela a eu pour conséquence de différer l'introduction d'un cursus spécialisé pour les élèves, le reportant de deux années, après la quatrième et la troisième.

Elaboration des programmes entre 1981 et 1988 : l'ère Mitterrand.

« L'élection de François Mitterrand à la présidence de la République le 10 mai 1981 et la constitution d'un gouvernement de gauche laissent entrevoir un changement de la politique éducative. Les attentes concernant le recrutement des enseignants, l'augmentation des moyens financiers et l'élaboration de nouveaux programmes d'histoire sont alors grandes ». En 1983, Alain Savary, alors ministre de l'Education nationale charge l'historien René Girault de la rédaction d'un rapport[76] sur l'enseignement de l'histoire et de la géographie. Selon Patricia Legris, le choix de René Girault a été motivé par trois raisons : (i) le désir d'écarter l'IGIP, dont le doyen a défendu des programmes controversés, (ii) la volonté de sélectionner un historien non rattaché à l'Ecole des Annales[77] et enfin (iii) René Girault, tout comme le ministre, est un intellectuel de gauche.

Le rapport Girault est remis à Alain Savary en juin 1983. Ses travaux relèvent les problématiques suivantes :
- La mauvaise maîtrise des dates repères ;
- Les difficultés rencontrées par les enseignants, notamment dans l'application des programmes de collège de 1977 ;
- La nécessité de tenir compte de la population scolaire d'origine immigrée.

« Une nouvelle forme d'expertise apparaît, qui légitime la présence des historiens aux côtés de l'IGIP dans l'écriture des programmes. Celle-ci se concrétise au sein de la Commission Permanente de Réflexion sur l'Enseignement de l'Histoire et de la Géographie (COPREHG), mise en place par une conseillère du ministre,

---

[76] *L'histoire et la géographie en question, rapport au ministre de l'Éducation nationale*, René Girault.

[77] L'Ecole des Annales est un mouvement historiographique apparu dans les années 1920. Elle a contesté la domination de l'histoire politique et événementielle, qui se concentrait principalement sur les grands événements, les souverains et les batailles. Elle a fait la promotion d'une vision plus structurelle et holistique de l'histoire, en se concentrant notamment sur l'étude des structures socio-économiques, de la démographie, de la géographie et de la culture.

Catherine Moisan, en 1983. Le choix est fait de partager l'élaboration des programmes entre les IGIP et des personnes jugées compétentes, ce qui exclut, d'après Catherine Moisan, le personnel des directions ministérielles. La COPREHG, qui est une des commissions permanentes alors mise en place, donne des avis et émet des propositions à l'intention du ministère ». Jacques Le Goff, nommé président de la COPREHG par Alain Savary, sélectionnera René Girault secrétaire général afin de concrétiser les recommandations de son rapport. La COPREHG sera composée de vingt membres, dont des membres des IGIP, des universitaires ainsi que le président de l'APHG.

> *Intervention externe : En 1983, Jacques Attali, alors conseiller principal de François Mitterrand, rédige une note faisant le point sur la situation de l'enseignement de l'histoire. Sur ces bases, le président exigera d'Alain Savary alors ministre de l'Education nationale, de réformer l'enseignement de l'histoire en changeant les programmes. Jean-Pierre Chevènement succède à Alain Savary au ministère de l'Education nationale. Il souhaite redonner de l'importance à l'IGIP, devenue l'Inspection Générale de l'Education Nationale (IGEN) entre-temps, qu'il considère comme la « colonne vertébrale à laquelle la solidité du ministère doit beaucoup ».*

Des nouveaux programmes sont publiés en 1985[78]. Ils sont produits par la COPREHG, l'APHG, des universitaires, l'IGEN ainsi que des représentants des directions ministérielles.

Le 20 mars 1986, René Monory est nommé ministre de l'Education nationale et met fin à la COPREHG, l'IGEN détient alors à nouveau le monopole d'écriture des programmes. « Comme par le passé, l'APHG revendique donc d'être représentée parmi les rédacteurs des programmes. Cette association de spécialistes se pense capable de juger de la faisabilité des projets qui émanent de l'IGEN. C'est à ce moment que les syndicats d'enseignants,

---

[78] BOEN, n° 38, 31 octobre 1985.

notamment le SNES, commencent à revendiquer une représentation au sein de leur circuit d'écriture ».

Durant la deuxième moitié des années 1980, Patricia Legris relève que : « l'écriture des programmes d'histoire montre que les savoirs universitaires ne passent pas automatiquement dans les savoirs scolaires. Ces derniers constituent une « culture scolaire » qui n'est pas nécessairement en lien avec les recherches universitaires. Le politique et la société civile pèsent sur la production des programmes, tout comme celle des manuels scolaires ».

Elaboration des programmes entre 1989 et 2005 : la présidence Chirac.

En 1988, Pierre Bourdieu[79], alors très critique à l'égard du système éducatif en place, et François Gros sont chargés par Lionel Jospin, ministre de l'Education nationale, d'établir un rapport sur l'organisation des savoirs scolaires. Le rapport Bourdieu-Gros préconise six principes dans l'élaboration des programmes :

- Faire évoluer les savoirs scolaires en fonction des savoirs savants et des changements de la société ;
- Centrer les programmes sur les savoirs fondamentaux, clarifier les contenus et les objectifs pour que le *curriculum* caché ne soit pas discriminant ;
- Assurer la souplesse et l'ouverture des programmes ;
- Permettre la collaboration des enseignants pour décloisonner les savoirs ;
- Assurer l'évaluation de l'expérimentation des savoirs transmis ;
- Offrir davantage de formations aux enseignants.

Egalement, ce rapport préconise la création d'une instance chargée d'appliquer ces principes dont les membres sont nommés pour cinq ans. L'article 6 de la loi d'orientation du 10 juillet 1989 reprend ces recommandations et le Conseil National des Programmes (CNP) sera créé par le décret du 23 février 1990. Parallèlement, des Groupes Techniques Disciplinaires (GTD), dont les membres sont nommés par le ministre, sont chargés de l'écriture des programmes. En 1990, des membres de l'APHG et de l'IGEN y seront nommés.

« Les premiers mois sont marqués par le flou dans les attributions de chaque organisation ». En dehors du CNP et des GTD, coexiste également la Direction des Lycées et Collèges (DLC).

Le processus d'écriture des programmes est alors le suivant :

---

[79] Pierre Bourdieu (1930-2002) est considéré comme l'un des sociologues français les plus influents du XXème siècle. Ses travaux ont notamment porté sur la sociologie de l'éducation et sur le capital culturel.

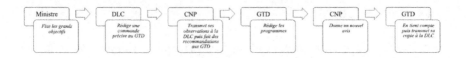

Le programme sera rédigé en 1995[80] par le GTD Berstein-Borne. Il reçoit l'approbation de l'APHG et du ministère mais pas du SNES.

En conclusion, de 1989 à 2005, « le processus d'écriture est modifié. Ces années sont caractérisées par la promotion de la consultation des acteurs éducatifs. Il s'agit d'associer les agents de l'Etat à la production des politiques qu'ils devront mettre en œuvre. [...] Concernant le *curricula*, on remarque que les propositions du rapport Bourdieu-Gros ne sont pas prises en compte dans les programmes validés par le ministre : ceux-ci demeurent disciplinaires, fortement axés sur les savoirs et ne sont pas organisés en fonction de compétences ».

> *Intervention de l'Union européenne : L'avancée de la construction de l'Union européenne durant les années 1990, notamment avec le Traité de Maastricht en 1992, influence indirectement l'élaboration des programmes scolaires d'histoire. En effet, les textes « sont élaborés dans un contexte d'approfondissement de la construction européenne : multiplication des recommandations du Conseil de l'Europe en faveur de l'introduction de la dimension européenne dans l'enseignement de l'histoire, publications nombreuses sur ce sujet, sortie d'un euromanuel en 1992, création la même année des classes de sections européennes ». Concrètement, l'article 126[81] du Traité de l'Union européenne (ou Traité de Maastricht)*

---

[80] Décret n° 96.465 du 29 mai 1996, BO n° 25 du 20 juin 1996.
[81] Journal Officiel des Communautés européennes (JOCE) : « La Communauté contribue au développement d'une éducation de qualité en encourageant la coopération entre Etats membres et, si nécessaire, en appuyant et en complétant leur action tout en respectant pleinement la responsabilité des Etats membres pour le contenu de l'enseignement et l'organisation du système éducatif ainsi que leur diversité culturelle et linguistique ».

traduit une volonté d'européanisation des systèmes éducatifs et de développement de la « dimension européenne dans l'éducation ».

Intervention politique : Un autre exemple d'influence s'est produit en 1998 lorsque le cabinet de Ségolène Royal demande au CNP de proposer des aménagements des programmes pour introduire les « aspects extra-occidentaux de notre culture commune ».

Intervention politique : Une des interventions les plus marquantes des années 2000 est l'accentuation de l'importance donnée à la traite transatlantique dans les programmes scolaires imposée par la « loi Taubira » de 2001. Nous avons décrit et quantifié l'impact de cette loi sur l'enseignement dans le premier chapitre.

Elaboration des programmes entre 2006 et 2015.

« En 2005, l'IGEN se montre désireuse de reconquérir la compétence d'écriture des programmes qu'elle avait perdue dans les années 1990. Depuis 2004, le CNP est écarté des décisions ministérielles ». En 2005 est mis en place un comité consultatif : le Haut Conseil de l'Education (HCE). « L'arrêté du 17 mai 2006 modifie l'organisation de l'administration centrale du ministère. Sont placés sous le contrôle direct du cabinet ministériel les inspections générales, les directions et le secrétariat général, ainsi que divers organismes, dont le HCE. A la demande du ministre, ce dernier émet des avis sur les programmes, les questions pédagogiques, les résultats du système éducatif, la formation des enseignants. Il remet chaque année un rapport au président de la République. D'autre part, l'article 3 de cet arrêté confie des responsabilités importantes à la Direction Générale de l'Enseignement (DGESCO) ». La DGESCO élabore[82] la politique éducative et pédagogique et assure la mise en œuvre des programmes d'enseignement des écoles, des collèges, des lycées et des lycées professionnels. « Elle s'occupe également des programmes budgétaires de l'enseignement scolaire public. Pour ce qui relève du circuit d'écriture des programmes, elle a en charge sa logistique et relaie les commandes ministérielles par les lettres de cadrage, la validation des programmes et leur mise en œuvre. Le nouveau processus d'élaboration des programmes débute donc par la commande passée par la DGESCO au Groupe d'Experts (GE) compétent, présidé par un universitaire ou un inspecteur général nommé par le ministre ». Le GE est placé sous la dépendance du bureau des programmes d'enseignement de la DGESCO. Il est composé de 12 personnes, inspecteurs et enseignants, il peut auditionner des syndicats, des associations de spécialistes et des universitaires. « Si désormais, le nouveau circuit d'écriture est contrôlé par la DGESCO, c'est bien l'IGEN qui redevient l'acteur principal chargé de répondre à la commande et de consulter divers partenaires puisque les syndicats, l'APHG et les universitaires ne sont pas membres du GE ».

---

[82]   *Source :   https://www.education.gouv.fr/la-direction-generale-de-l-enseignement-scolaire-dgesco-7517.*

En 2005 est promulguée la « loi Fillon[83] », ou loi d'orientation et de programme pour l'avenir de l'école. Dorénavant les programmes scolaires répondent à une logique de « socle commun de connaissances, de compétences et de culture ». Sans entrer dans le détail, il s'agit d'une description officielle de ce que les élèves doivent avoir acquis[84] à la fin du parcours d'instruction obligatoire, soit à 16 ans. Ce socle sera modifié en 2013 par la « loi Peillon[85] » et demeure d'actualité.

En juillet 2008[86], les nouveaux programmes paraissent. Ils ont été préalablement validés par la DGESCO et présentés le 25 juin 2008 par le président du GE devant la commission spécialisée des collèges, commission préparatoire au Conseil Supérieur de l'Education Nationale (CSEN).

En parallèle en 2009, d'après le livre de Laurent Wetzel, « Luc Chatel, ministre de l'Education nationale, annonce à la presse, avec l'entier soutien de Nicolas Sarkozy et de François Fillon, que l'histoire et la géographie seront optionnelles en terminale scientifique ». Malgré les critiques reçues, Nicolas Sarkozy encourage son ministre à maintenir la réforme : « Tu fais un travail remarquable. Continue et fais de la pédagogie ! ». L'histoire-géographie sera réintroduite en 2014 sous le ministère Peillon. En 2013, Vincent Peillon crée un Conseil Supérieur des Programmes (CSP) qui remplace le HCE.

Intervention de l'exécutif : La loi[87] dite « Mekachera » portant reconnaissance de la Nation et contribution

---

[83] Loi n° 2005-380 du 23 avril 2005 d'orientation et de programme pour l'avenir de l'école.

[84] Ce socle comprend cinq domaines : « Les langages pour penser et communiquer », « Les méthodes et outils pour apprendre », « La formation de la personne et du citoyen », « Les systèmes naturels et les systèmes techniques » et « Les représentations du monde et les activités humaines » (*source : site de l'Education nationale*).

[85] Loi n° 2013-595 du 8 juillet 2013 d'orientation et de programmation pour la refondation de l'école de la République.

[86] Arrêté du 15 juillet 2008, BO spécial n° 6 du 28 août 2008.

[87] Loi n° 2005-158 du 23 février 2005.

nationale en faveur des Français rapatriés a été adoptée sous le Gouvernement de Villepin. L'article 4 alinéa 2 de cette loi est le suivant : « Les programmes scolaires reconnaissent en particulier le rôle positif de la présence française outre-mer, notamment en Afrique du Nord et accordent à l'histoire et aux sacrifices des combattants de l'armée française issus de ces territoires la place éminente à laquelle ils ont droit ». Cet alinéa sera abrogé l'année suivante et deviendra : « Les programmes de recherche universitaire accordent à l'histoire de la présence française outre-mer, notamment en Afrique du Nord, la place qu'elle mérite ».

Au total, il y a donc eu neuf réformes qui ont abouti à des nouveaux programmes scolaires pour les classes de collège entre 1945 et aujourd'hui : 1947, 1957, 1963, 1969, 1977, 1985, 1995, 2008 et 2015.

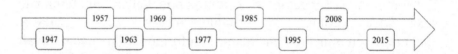

En août 2023, Emmanuel Macron déclarait dans une interview au journal Le Point que, compte tenu des enjeux, « l'éducation fait partie du domaine réservé du président ». Une nouvelle fois, le sujet des programmes scolaires et de l'Education nationale revient au président de la République.

Conclusion générale sur l'évolution du processus d'élaboration des programmes scolaires.

Patricia Legris porte l'appréciation suivante : « Entre 1944 et 2013, le circuit d'écriture se complexifie et s'ouvre à de nouveaux acteurs, révélant d'un côté l'absence d'une unité historiographique, d'une vision dominante de ce que doivent être les contenus d'enseignement et l'importance grandissante des politiques mémorielles. Les programmes répondent désormais à des attentes variées parfois contradictoires ». Martine Fournier abonde en ce sens dans un article[88] : « Au fil des décennies, on observe une inflation du nombre d'acteurs impliqués dans la conception des programmes : inspection générale, ministères, universitaires, députés et sénateurs, associations de professeurs, syndicats, représentants de la société civile. Dans la dernière réforme, le CSP a multiplié les auditions. Le process, certes soucieux de prendre en compte la multiplicité des points de vue, comporte cependant un risque : celui de devenir pour finir une véritable usine à gaz ! Sans compter que le CSP doit tenir compte des multiples objectifs : le respect du socle commun de connaissances, l'égalité des sexes, les régionalismes, l'ouverture sur le monde et la prise en compte des minorités et leurs revendications ». Par ailleurs, Laurent Wetzel dénonce le caractère coupable des dirigeants politiques à l'image de Nicolas Sarkozy, François Fillon, Xavier Darcos ou encore Luc Chatel qui détenaient « l'ultime pouvoir de décision ». Parmi les autorités politiques, les plus coupables seraient selon lui le président de la République et le Gouvernement plutôt que le Parlement.

L'évolution du processus d'élaboration des programmes scolaires est l'illustration du rôle important du pouvoir exécutif : une lapalissade dans l'organisation politique de la Cinquième République. Le processus de production émane indirectement du Gouvernement en place : le ministre de l'Education nationale est nommé par le Premier ministre, lui-même nommé par le président de la République. Les instances productrices des programmes –

---

[88] *Les programmes d'histoire sous le feu de la critique*, Sciences humaines n° 273 - Juillet-août 2015.

aujourd'hui le CSP – ainsi que les principaux hauts fonctionnaires de l'Education nationale sont nommés par le ministre de l'Education nationale. Egalement, nous avons vu que le pouvoir exécutif peut intervenir directement et indirectement (en dehors du schéma de production en place) dans l'élaboration des programmes scolaires. La Cinquième République a instauré un pouvoir exécutif fort qui, nous l'avons vu, peut s'immiscer dans les programmes scolaires. Autrement dit, les connaissances historiques enseignées aux élèves de collège sont dépendantes des demandes du Gouvernement en place et de sa vision, son idéologie, son agenda.

Je laisse la conclusion de ce chapitre à Laurent Wetzel : « Certes, en vertu de la Constitution, le Parlement vote la loi qui « détermine les principes fondamentaux de l'enseignement », et l'Assemblée nationale peut renverser le Gouvernement. Mais, en matière d'Education nationale, bien des décisions essentielles – comme celles concernant les programmes – relèvent du règlement et sont arrêtées par l'exécutif, tandis qu'on imagine mal – et c'est sans doute regrettable – un Gouvernement censuré par l'Assemblée nationale en raison de sa seule politique éducative. [...] De la classe politique, il n'y a pas grand-chose à attendre pour veiller au sérieux des connaissances qui doivent être transmises à nos écoliers, collégiens et lycéen, en histoire, en géographie et en éducation civique, tant elle est devenue inculte ».

Présentation et description du ministère de l'Education nationale.

Le Ministère de l'Education nationale en quelques chiffres :

Budget[89] : 59,7 Mds € (hors contributions aux pensions de l'Etat[90])
Personnel[91] : 1 201 500[92] affectés en poste à l'Education nationale en 2020-2021
Elèves : 12 809 200 élèves et apprentis dont 3 414 350 collégiens et Segpa
Etablissements : 6 950 collèges (dont 730 en REP[93]) et 3 750 lycées

L'organigramme du Ministère de l'Education nationale et de la jeunesse est repris en annexe C. Plusieurs organes sont spécifiquement concernés dans le processus d'élaboration des programmes scolaires.

- Le Conseil Supérieur des Programmes : CSP

Le CSP est une instance[94] rattachée au Ministère de l'Education nationale qui a pour mission[95], sur saisine du Ministère, de proposer des orientations et avis sur l'élaboration des programmes scolaires. Ses grandes thématiques sont d'une part de répondre à une demande de transparence dans le processus d'élaboration des programmes d'enseignement et d'autre part de répondre à un besoin de cohérence entre les contenus dispensés, le socle commun de connaissances, de compétences et de culture. Il émet des avis et formule des propositions sur : (i) la conception générale des

---

[89] *Source : Projet de loi de Finances 2023.*
[90] Le budget est à hauteur de 81,6 Mds € avec les contributions aux pensions de l'Etat.
[91] *Source : https://www.education.gouv.fr/.*
[92] Dont 869 300 enseignent dans les écoles et établissements du 2nd degré (726 800 dans le public).
[93] Réseau d'Education Prioritaire.
[94] Créée par la loi d'orientation et de programmation pour la refondation de l'Ecole de la République du 8 juillet 2013.
[95] *Source : https://www.education.gouv.fr/.*

enseignements dispensés aux élèves, (ii) le contenu du socle commun de connaissances et (iii) la nature et le contenu des épreuves et examens conduisant aux diplômes nationaux de l'enseignement du second degré et du baccalauréat et (iv) la nature et le contenu des épreuves des concours de recrutement d'enseignants des premiers et seconds degrés.

Selon le site de l'Education nationale, cette entité est qualifiée « indépendante ». Toutefois, elle est constituée de trois députés et trois sénateurs, deux représentants du Conseil Economique Social et Environnemental (CESE[96]) et dix personnalités qualifiées par le ministre de l'Education nationale.

- Le Conseil Supérieur de l'Education : CSE

Le CSE est une « instance[97] consultative placée sous la présidence du ministre chargé de l'Education nationale ». Ces principales missions sont d'émettre des avis sur les thématiques suivantes : (i) les objectifs et le fonctionnement du service public de l'éducation, (ii) les règlements relatifs aux programmes, aux examens, à la délivrance des diplômes et à la scolarité, (iii) les questions intéressant les établissements d'enseignement privés et les personnels de ces établissements placés sous contrat et (iv) toutes les questions d'intérêt national concernant l'enseignement ou l'éducation, quel que soit le département ministériel concerné. Le CSE est composé de 98 membres dans sa formation plénière : des personnels (enseignants, personnels d'orientation et d'éducation et personnels administratifs), des usagers (parents d'élèves, étudiants) et des partenaires de l'Etat dans l'action éducatrice (collectivités territoriales, associations).

---

[96] Le CESE est un organe consultatif indépendant chargé de donner des avis et des recommandations sur des questions économiques, sociales et environnementales. Avec l'Assemblée nationale et le Sénat, il s'agit de la troisième assemblée citée dans la Constitution française. Il est consulté par le Gouvernement, le Parlement et les autres organes de l'Etat sur des questions relevant de son domaine de compétence.

[97] Créée en application de la loi n° 89-486 du 10 juillet 1989 d'orientation sur l'éducation.

Le ministre de l'Education nationale effectue la commande de nouveaux programmes, le CSP est chargé d'élaborer et de proposer des orientations pour les programmes scolaires.

Selon le site du Gouvernement[98], la « fabrique des programmes » se déroule en huit étapes.

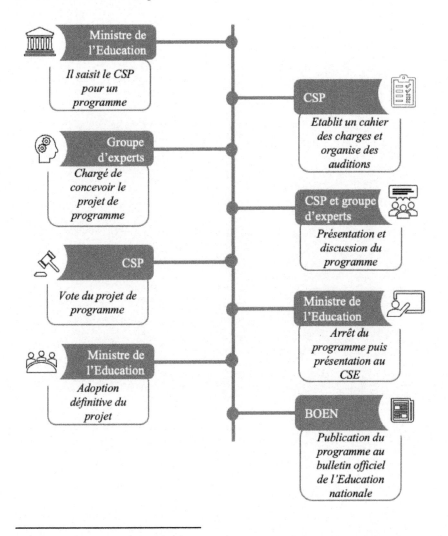

_____

[98] *Source : https://www.education.gouv.fr/le-conseil-superieur-des-programmes-41570.*

CHAPITRE IV

RESULTATS DE L'ENQUETE

Objectif du questionnaire, méthode utilisée et limites rencontrées.

Dans le but de compléter l'étude réalisée, et surtout d'apporter du factuel à mon constat initial « d'appauvrissement des connaissances de l'histoire de France » dont j'ai fait part dans l'introduction, j'ai conçu un questionnaire. L'objectif étant de faire un état des lieux des connaissances de l'histoire de France apprises au collège à un maximum de personnes possible. Egalement, et en dehors de toute analyse sociologique primaire, j'essaie de tirer des explications et interprétations aux réponses données.

Le questionnaire est construit en trois parties :

- La première est constituée de 15 événements ou personnages pour lesquels le participant doit trouver la date correspondante ;
- La deuxième partie est l'opposé : 15 dates sont inscrites et l'événement ou le personnage doit être retrouvé ;
- La troisième partie, plus qualitative, est composée de dix questions ouvertes.

La sélection des questions est basée sur des faits importants de l'histoire de France, présents dans les manuels de collège de toutes les époques. Pour la réalisation de chaque questionnaire, je me suis donné comme contrainte d'être systématiquement présent[99]. Cela a eu pour inconvénient de limiter le potentiel du nombre de participants compte tenu du temps alloué. Néanmoins, cela a permis de m'assurer qu'il n'y ait eu aucune triche. En effet, plusieurs participants m'ont confié que s'ils avaient été seuls, ils auraient cherché sur internet certaines dates qu'ils estimaient devoir savoir. En outre, assister personnellement à la réalisation de ces questionnaires m'a permis d'échanger avec chaque participant sur son rapport à l'histoire, ses souvenirs d'apprentissage et son intérêt aujourd'hui. La réalisation du questionnaire a fait prendre conscience que les grandes dates importantes de l'histoire de leur pays n'étaient pas acquises pour la majorité d'entre eux et qu'ils allaient se (re)mettre à apprendre l'histoire.

Avant de commencer à lire l'analyse des questionnaires ci-dessous, j'enjoins quiconque à réaliser ce questionnaire (*cf.* annexe D_Questionnaire) et me communiquer les résultats sur les réseaux sociaux ou par courriel : alexis.grimaud@outlook.com. Je serai curieux de recueillir vos retours. Evidemment, vous devez le réaliser le plus honnêtement possible, sans triche, individuellement et sans aide.

Il y a plusieurs limites à la réalisation de ce sondage, la première étant la conception du questionnaire : les dates et événements sélectionnés reposent sur mon appréciation de leur niveau d'importance. Je me suis assuré toutefois qu'ils étaient enseignés au collège et que le questionnaire couvre l'ensemble de l'histoire de France. La deuxième limite est le nombre de participants : 100, mais cette limite est intrinsèque à tous les sondages. Egalement, concernant les participants, 24 sur 100 ont pour profession « inspecteur » en raison de ma profession actuelle.

---

[99] Sauf exception : pour certains participants la réalisation du questionnaire a été réalisée sous la surveillance de personnes de confiance issues de mon entourage.

Afin de restituer les résultats du questionnaire, j'ai élaboré une méthodologie permettant de porter une appréciation aux réponses selon cinq catégories :

- « OK » : la réponse est exacte
- « Latitude » : la réponse n'est pas exacte mais se situe dans une marge d'erreur. Par exemple, si la réponse donnée à la bataille d'Alésia est « 50 avant J.-C. » au lieu de 52 avant J.-C., alors elle est considérée dans la marge d'erreur. Les latitudes sont décrites en annexe E.
- « Latitude siècle » : la réponse donnée est un siècle, correspondant à la bonne réponse
- « KO » : la réponse est fausse et ne fait pas partie des catégories « Latitude » et « Latitude siècle »
- « N/A » : aucune réponse n'a été donnée

L'orthographe n'a pas été prise en considération pour l'analyse des résultats, par exemple : « Marignanne » ou « Marigianes » correspondent bien à la bataille de Marignan, l'appel de « de Gaule » renvoie au général Charles de Gaulle, « Hughes Eclin » fait référence au connétable Du Guesclin.

Pour chaque partie, j'ai recensé un florilège des réponses les plus éloignées. Le but étant de rendre l'étude plus légère et d'apporter un peu d'humour dans la restitution des résultats.

Typologie des participants.

Niveau d'études	< BAC	BAC	BAC +2	BAC +3	> BAC +3	NR [1]
	13%	4%	8%	11%	62%	2%

(1) Non renseigné

Intérêt pour l'histoire [2]	0	[1 ;2[	[2 ;3[	[3 ;4[	[4 ;5[	5	NR	Moy.
	1%	23%	19%	30%	15%	8%	4%	2,66

(2) La note est comprise entre 0 et 5. La note de 5 étant le plus grand intérêt pour l'histoire

Enseignement public/privé	Public	Privé	Les deux	NR
	70%	23%	3%	4%

Age	< 20	21-30	31-40	41-50	51-60	> 60	Moyenne
	2%	49%	20%	8%	15%	5%	37 ans

Première partie : la question est un événement ou un personnage, le participant doit retrouver la date.

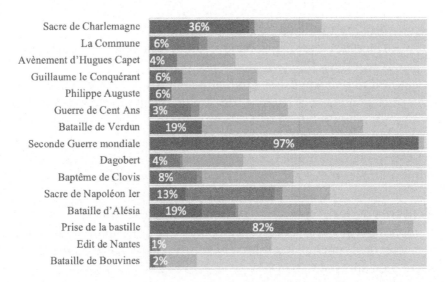

RESTITUTION DES RESULTATS

■ OK ■ Latitude ■ Latitude siècle ■ KO ■ N/A

Sans surprise, la question ayant recueilli le plus de bonnes réponses est la date de la Seconde Guerre mondiale avec 97% de réponses exactes. Le souvenir de « 39-45 », par l'ampleur de l'affrontement et son caractère contemporain, reste ancré dans la mémoire des Français. Juste derrière, la prise de la Bastille a récolté 82% de bonnes réponses, probablement car il s'agit de la fête nationale du pays[100].

Vient ensuite le sacre de Charlemagne en 800 : l'avènement de ce « Sacré Charlemagne[101] » demeure connu pour 36% des participants en prenant en compte les réponses « OK » et « Latitude ». Viennent ensuite les dates de la bataille de Verdun et d'Alésia qui restent dans la mémoire de 19% des répondants.

---

[100] Avec la Fête de la Fédération le 14 juillet 1790.
[101] Chanson interprétée par France Gall, sortie en 1964.

Les dates les plus tombées dans l'oubli sont les suivantes :
- La bataille de Bouvines : il s'agit d'une bataille peu apprise (*cf.* chapitre II relatif à l'analyse des occurrences) indépendamment du programme scolaire.
- Edit de Nantes : le taux de bonnes réponses est davantage étonnant car, contrairement à la bataille de Bouvines, cet événement faisait généralement écho à tous les participants. Néanmoins, le situer dans l'histoire a été une autre affaire.
- Dagobert : tout le monde connait son nom, peu savent le situer dans l'histoire de France.
- Philippe Auguste, Guillaume le Conquérant ainsi que l'avènement d'Hugues Capet obtiennent des taux de bonnes réponses relativement faibles.

La date de la Commune obtient un taux plutôt élevé par rapport au nombre d'occurrences des manuels des différentes époques.

Concernant les réponses les plus décalées, j'ai été surpris d'apprendre que Clovis a été baptisé en 1515, la même année que le sacre de François Ier, mais également que Charlemagne a été sacré bien après, en 1654 !

Deuxième partie : la question est une date, le participant doit retrouver le personnage ou l'événement correspondant.

RESTITUTION DES RESULTATS

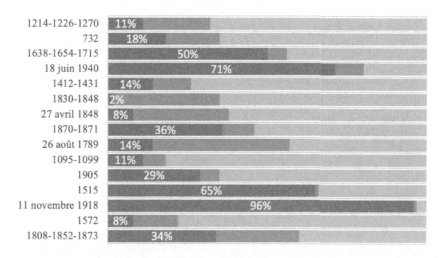

■ OK ■ KO ■ N/A

Le 11 novembre 1918 est la date ayant recueilli le plus de réponses exactes de tout le questionnaire. L'armistice, encore commémorée chaque année, probablement aussi en raison du jour chômé, reste une date connue de la population, alors même que le nombre d'occurrences dans les manuels scolaires n'est pas élevé.

Deux dates demeurent connues pour la population : l'appel du général de Gaulle le 18 juin 1940 et la bataille de Marignan en 1515. De manière identique à la Commune, l'affrontement du Royaume de France contre les Suisses et le duché de Milan, « cette même année 1515, date claire et glorieuse » selon André Gervais[102], « année de la mémoire » disait Jacques Bainville, reste connu pour 65% des sondés alors que les occurrences dans les manuels scolaires sont plutôt faibles.

---

[102] *Au pays de monsieur de La Palice*, André Gervais (1933), page 148.

Ensuite, situer le règne du Roi-Soleil a été une réussite pour 50% des participants. C'est le souverain de l'histoire de France ayant le plus grand nombre d'occurrences au sein des manuels scolaires du programme de 2015. Pour tous les autres programmes, Napoléon est le souverain ayant le nombre d'occurrences le plus important.

Sans faire l'objet d'un grand nombre d'occurrences dans les manuels scolaires, la guerre franco-prussienne et la loi de 1905 a été une réussite pour respectivement 36% et 29% des répondants. Les dates de la DDHC ainsi que de l'abolition de l'esclavage, n'ont obtenu que 14% et 8% de bonnes réponses.

Pour les réponses étonnantes : 6 participants ont répondu « Alésia » à la date 732. Autre réponse décalée : Clovis aurait vécu de 1412 à 1431.

Troisième partie : les questions sont ouvertes.

Le traitement de ces réponses a été plus délicat pour moi, notamment celles qui ne sont pas quantifiables. Procédons dans l'ordre, question par question.

1. Citez trois personnages célèbres de la Révolution française

Le personnage cité le plus de fois est Robespierre, suivi par Danton, Louis XVI et Marie-Antoinette. 12 participants ont cité des philosophes du mouvement des Lumières tels que Rousseau, Voltaire, Montesquieu, pourtant bien plus anciens que la Révolution française. L'influence des idées des Lumières sur la Révolution reste profondément ancrée. Pour un participant, Jeanne d'Arc fut un des personnages célèbres de la Révolution française.

2. Qu'est-ce que l'Edit de Nantes ?

La question a apporté une confusion chez les sondés : 9 d'entre eux ont inversé l'Edit de Nantes et sa révocation en 1685 par Louis XIV. Par conséquent, ils ont indiqué que l'Edit de Nantes avait pour objectif d'interdire le protestantisme dans le Royaume de France, soit l'inverse. Un sondé aura même répondu qu'il s'agit d'un « gros truc de raciste contre les protestants ».

3. Définissez en quelques lignes les Croisades

L'épineuse et complexe question des Croisades a été la plus intéressante à analyser. Parmi les réponses, j'ai pu lire : « Des personnes un peu trop sûr d'elles qui décident d'aller expliquer à d'autres comment prier dieu (en passant par les pillages et les viols) » ou encore « Démarche guerrière et barbare de la secte catholique consistant à sommer des peuples lointains de devenir catholique sous peine de mort ». Plus sérieusement, les Croisades ont développé un imaginaire fantasmé pour nombre de Français alors que l'apprentissage des Croisades au collège, même si beaucoup de choses sont à redire, reste plutôt factuel et rationnel et les occurrences restent hautes, particulièrement pour la première Croisade.

4. Citez trois maréchaux, connétables ou chevaliers connus dans l'histoire de France

En moyenne, les sondés ont réussi à trouver 1,3 maréchaux, connétables et chevaliers, 28 n'en n'ont trouvé aucun. La réponse la plus représentée est le maréchal Pétain. Finalement, peu de noms de chevaliers ont été cités, néanmoins, Lancelot et Arthur auront été cités quelques fois, respectivement 8 et 4 fois. Les personnages fictifs des romans anglais auront eu raison du chevalier Bayard, cité 3 fois.

5. Citez trois batailles napoléoniennes

1,5 est la moyenne du nombre de batailles napoléoniennes trouvées et 25 participants n'ont pas su en trouver une. La bataille la plus citée est Waterloo (58 fois), devant Austerlitz (35 fois). Doit-on remercier les manuels scolaires, ABBA[103] ou le culte très français de la défaite ?

6. Qu'est-ce que le Front populaire ?

Concernant le Front populaire[104], 36% ont su répondre qu'il s'agissait d'un parti de coalition de gauche durant l'entre-deux-guerres. La précision qui revient le plus souvent concernant ce mouvement est la création des congés payés.

---

[103] Le groupe suédois ABBA a interprété la musique *Waterloo*, sortie en 1974.
[104] Le Front populaire est une coalition de partis de gauche qui gouverne la France de mai 1936 à avril 1939. Il réunit les trois principaux partis de la gauche de l'époque : la SFIO, le Parti radical et le Parti communiste.

7. Quelles sont les trois grandes dynasties royales dans l'histoire de France ?

Concernant les grandes dynasties françaises, les sondés ont réussi à en trouver 1,3 en moyenne. En revanche, 38 participants n'en n'ont trouvé aucune. Les réponses attendues étaient les Mérovingiens, les Carolingiens et les Capétiens. Les branches cadettes telles que les Bourbons, les Valois ou les Orléans ont été comptabilisées à hauteur de 0,5 point.

8. Qui a remporté la Guerre de Cent Ans ?

Nous arrivons à la réponse la plus étonnante : la majorité des répondants pensent que l'Angleterre sort vainqueur de la Guerre de Cent Ans (28 pensent que la victoire revient à l'Angleterre, 27 pensent qu'il s'agit de la France, 45 n'ont rien répondu ou une réponse alternative). Rempli de doutes, j'ai consulté une nouvelle fois les chapitres relatifs à la Guerre de Cent Ans de tous les manuels scolaires mais l'apprentissage est très clair : le Royaume de France est victorieux de cette guerre. J'ai posé la question à certains participants ayant répondu l'Angleterre pour en connaître les raisons, mais il n'y a pas toujours d'explications, certains se disent que, puisque Jeanne d'Arc a été tuée, la France aurait probablement perdu. Finalement, n'est-ce pas la véritable victoire pour la perfide Albion d'avoir ancré dans la mémoire des Français qu'elle a remporté la guerre ?

9. Citez trois personnages de la IIIème République ou de la Commune

Citer trois personnages de la Troisième République ou de la Commune a été difficile pour la plupart des sondés puisqu'en moyenne 0,6 personnage ont été cités. Uniquement 7 personnes ont réussi à trouver trois personnages.

10. Citez trois régentes ou reines de l'histoire de France

Enfin, en moyenne, 1,5 régentes ou reines de France ont été trouvées parmi les participants, Marie-Antoinette étant la plus citée (48 fois), devant Catherine de Médicis (40 fois).

Question	0	1	2	3	Moyenne
Révolution française	33	15	21	31	1,50
Maréchaux, connétables ou chevaliers	28	29	24	19	1,34
Batailles napoléoniennes	25	23	26	26	1,53
Dynasties royales (1)	38	11	15	17	1,29
IIIème République ou la Commune	66	15	13	6	0,59
Régente ou reine de France	22	29	28	21	1,48

(1) 0,5 point est compté pour les dynasties cadettes (Bourbons, Valois, Angoulême)

Question	BON	APPRO	FAUX	N/A
Edit de Nantes	19	3	23	55
Les Croisades	NON APPLICABLE			
Front populaire	NON APPLICABLE			
Guerre de Cent Ans	27	N/A	35	38

Remarques générales sur les réponses au questionnaire.

Le constat initial du niveau de connaissance de l'histoire de France se confirme avec les faibles taux de bonnes réponses au questionnaire. J'ai néanmoins conscience de la difficulté relative de ce dernier, d'autant plus que les connaissances ont été acquises il y a plusieurs décennies pour certains participants.

Pour plusieurs réponses, telle que la date de Marignan, il n'y a pas de corrélation entre le nombre d'occurrences, quelle que soit l'époque, et le taux de bonnes réponses. En échangeant avec les participants et compte tenu des réponses, les souvenirs des dates et des faits proviennent des années collège. Pour les autres connaissances, elles s'acquièrent soit de manière active en se documentant sur l'histoire, soit passivement par d'autres canaux tels que les médias et les représentations (films, images, etc.).

Le manque de connaissances en histoire est une chose, il peut être lié au peu d'intérêt porté aux événements passés, mais les réponses fausses à la troisième partie du questionnaire sont quasiment systématiquement en défaveur de la France. L'exemple le plus marquant étant que la majorité de personnes pense que la Guerre de Cent Ans a été remportée par l'Angleterre alors qu'il s'agit de l'inverse. Mais d'autres exemples sont également marquants : la bataille la plus connue de Napoléon est Waterloo, une défaite, le maréchal le plus connu est Pétain, l'Edit de Nantes représente une mesure liberticide pour 9 répondants et les Croisades sont totalement dénaturées.

Ce biais imaginaire, que je retrouve également aux abords d'échanges quotidiens à propos de sujets historiques, est bien ancré dans la population française, particulièrement chez les jeunes. Je ne saurai dire l'origine exacte de ces fabulations, mais les conséquences sont significatives. Je les développerai dans le chapitre suivant consacré à mes réflexions.

CHAPITRE V

REFLEXIONS PERSONNELLES

Jusqu'ici, nous avons analysé les schémas décisionnels, les institutions élaboratrices des programmes scolaires et les manuels qui se trouvaient dans les mains des collégiens français à travers le temps. Nous avons observé les mutations de l'apprentissage de l'histoire, sa propre historiographie. Je me suis attelé à conserver un point de vue objectif dans cette démarche, à ne pas introduire mon avis dans mes écrits. Cette objectivité totale n'est qu'une chimère et j'ai conscience d'avoir laissé transparaître de temps à autre, il est vrai, mon étonnement dans la formulation de certains passages. Ce chapitre sera le lieu dans lequel je retire mon costume d'inspecteur pour conclure mes analyses. C'est pourquoi, je tiens à souligner que ce qui suit est une perspective qui m'appartient, forgée sur l'enclume des pages des manuels anciens, mes idées, mes échanges et mes connaissances. Je vous invite à l'interroger, à la confronter à vos propres expériences et à vos propres points de vue.

Avis sur les évolutions de l'enseignement de l'histoire au collège.

Evolution de la pédagogie

A la fin du chapitre II, j'ai évoqué les transformations substantielles des manuels scolaires et l'évolution des consignes d'enseignement à destination des professeurs. Depuis le développement de l'enseignement sous la Troisième République, la mission affichée de l'histoire a évolué. Il va sans dire qu'indépendamment de l'époque, l'objectif premier et fondamental de l'histoire est d'enseigner les faits historiques, ce qu'il s'est passé. Cependant, cette discipline scolaire et plus largement cette science, revêt plusieurs autres fonctions. L'histoire peut avoir une multitude d'objectifs. Par exemple, unifier des habitants d'une Nation, développer un esprit critique, permettre une meilleure compréhension du monde contemporain ou encore de faire prendre conscience des droits et devoirs relatifs à la citoyenneté.

L'apprentissage de l'histoire durant la Troisième République avait un double objectif : présenter le système politique républicain comme un idéal à ancrer dans le temps et éveiller le patriotisme. Patricia Legris l'appellera « la finalité patriotique » avec l'histoire comme le récit d'une « sélection d'événements du passé assemblés en un discours téléologique de la nation associée à la République ». On pouvait notamment lire dans un manuel[105] de 1951 : « Ainsi présentés, ces récits les intéresseront et leur feront aimer, dès le seuil de l'école, la si belle histoire de leur pays ». La manifestation de cet attachement, du moins la volonté de le transmettre, s'est estompée au fil des décennies et a progressivement disparu, particulièrement à la suite des deux guerres mondiales. L'enseignement de l'histoire s'inscrit encore aujourd'hui dans le régime républicain, dont il fait cependant moins directement la promotion, étant comparativement à la fin du XIXème siècle, moins menacé par un nouveau système monarchique ou impérial.

---

[105] Histoire de France – Cours préparatoire classes de 11e et 10e – Les éditions de l'école.

Toujours à la fin du chapitre II, j'avais consacré une partie à « l'évolution de la méthode d'apprentissage et la place de l'illustration ». J'y ai observé une augmentation notable de l'utilisation des illustrations dans les manuels scolaires. Trois approches majeures se sont succédées : l'encyclopédique, l'illustrative puis la démonstrative. Par ailleurs, j'ai également décrit une évolution de la pédagogie. Autrefois centrée sur une transmission directe des connaissances du professeur à l'élève, la méthode a évolué vers une approche « inductive » ou « active ». Cette dernière privilégie l'exploitation des documents (de plus en plus nombreux) et des exercices sous forme de questions-réponses. Elle vise à amener les élèves à élaborer leurs propres explications et à construire leurs apprentissages. En essence, elle encourage une démarche similaire à celle d'un historien. Dans le manuel précédemment cité de l'année 1951, est décrite la pédagogie adoptée : « Ces programmes ont un sens profondément didactique. Chaque élève devient acteur de ses apprentissages. Il va prendre conscience qu'il est capable, accompagné par le professeur, de réaliser lui-même ses apprentissages ».

Je considère cette évolution pédagogique avec prudence et la trouve périlleuse. Une dichotomie semble s'être dessinée entre l'approche pédagogique adoptée – active ou inductive en l'occurrence – et les réalités contemporaines des élèves. A une époque où nombre d'élèves rencontrent de plus en plus de difficultés à assimiler les savoirs fondamentaux à leur entrée au collège[106], où les repères structurants peinent à être maîtrisés, il est primordial de mettre l'accent sur l'acquisition de savoirs, particulièrement en histoire.

Malgré le fait qu'elle n'intègre pas tous les éléments, l'évolution de l'approche pédagogique a subi une influence notable de l'Ecole des Annales.
Pour rappel, il s'agit d'un mouvement historiographique apparu dans les années 1920, contestant la domination de l'histoire

---

[106] « 15% des élèves présentent de réelles lacunes en lecture » selon les évaluations repères menées au collège sur les niveaux de français et mathématiques. Chiffres rapportés par le site l'Etudiant.

politique et événementielle qui se concentrait principalement sur les grands événements, les souverains et les batailles. L'Ecole des Annales a fait la promotion d'une vision plus structurelle et holistique de l'histoire, en se concentrant notamment sur l'étude des structures socio-économiques, de la démographie, de la géographie et de la culture. Par conséquent, deux approches se sont confrontées dans l'évolution de la pédagogie, particulièrement dans les années 60 et 70. Patricia Legris observe un « retrait progressif de l'histoire militaire et politique pour l'histoire culturelle, sociale, économique, technique, etc. ». Je ne me positionne pas particulièrement en faveur d'une approche plutôt qu'une autre, je pense néanmoins que l'apprentissage des événements est la condition *sine qua non* de l'enseignement de l'histoire selon une approche holistique, plus complète mais plus exigeante. J'ai étudié en classe préparatoire[107] la matière AEHSC (Analyse Economique et Historique des Sociétés Contemporaines) qui a été un bel exemple d'une telle approche. L'analyse des mouvements et de la pensée économique était mise en perspective de la dimension historique. Lorsque cette approche est correctement appliquée, mais surtout, lorsque les étudiants ont le bagage pour y être réceptif, on saisit facilement la pertinence que cette pédagogie peut engendrer. Néanmoins, l'approche holistique ne doit pas se substituer à l'apprentissage des repères fondamentaux et des grands événements. Intégrer l'étude des structures socio-économiques, de la culture et de la démographie à des collégiens qui pour nombre d'entre eux ne savent pas lire et écrire correctement peut s'avérer contre-productif.

L'analyse de Laurent Wetzel dans son ouvrage *Ils ont tué l'histoire-géo* est la suivante : « Il faut sans doute, pour l'histoire et la géographie, réhabiliter le « par cœur ». C'est lorsqu'on a acquis une « masse critique » de connaissances sûres et précises que l'on commence à s'intéresser vraiment à une matière ». Cette vision peut sembler rétrograde, mais je la pense juste, et d'autant plus dans l'époque actuelle. A l'image d'un musicien qui apprend ses gammes pour composer une musique, il serait inconcevable que

---

[107] CPGE (Classes Préparatoires aux Grandes Ecoles) section ECE (Economique et Commerciale option Economie).

l'apprentissage de l'histoire échappe à l'acquisition de connaissances fondamentales : les dates et faits majeurs en l'occurrence.

Disparition de l'« histoire-bataille»

Avec l'analyse de l'évolution des occurrences, j'avais montré que l'« histoire-bataille » avait peu à peu disparu, que l'apprentissage des guerres s'est drastiquement réduit. Je pense qu'elle résulte de deux facteurs : le premier est lié au déclin de l'histoire selon l'approche événementielle. Le deuxième facteur est la volonté de pacifier le récit historique, probablement en raison des conflits mondiaux et du « plus jamais ça ». Vincent Badré caractérise ce phénomène par « la tentation pacifiste ». Il fournit les explications suivantes : « Ce sont l'expérience même de la pratique militaire qui s'efface des manuels, ce qui correspond à une tendance culturelle de fond, le rejet de la violence en elle-même, quel que soit son but. Les manuels oublient cependant que l'enseignement de l'histoire est aussi supposé enseigner « l'esprit de défense » à des jeunes qui n'ont plus à faire un service militaire effectif ». Si cette évolution résulte d'une volonté politique ou de la démarche de ceux qui élaborent les programmes scolaires (*cf.* chapitre III), je considère que c'est une erreur fondamentale. Le rôle des conflits et plus globalement des rapports de force entre les différentes entités[108] est indissociable de la compréhension de l'évolution de l'histoire mondiale. A ce propos, je m'aligne avec la vision de Piotr Tourtchine, anthropologue évolutionniste russo-américain, qui soutient que « la guerre n'est pas seulement une conséquence fâcheuse, c'est le moteur de développement de toute civilisation ». P. Tourtchine désigne cette dynamique la « création destructrice » et considère que la civilisation, en tant que lutte pour l'existence, ne peut exister sans guerre. De façon concrète, nombre d'évolutions politiques, économiques, culturelles trouvent leur source dans les conflits. Les relations diplomatiques et la géopolitique trouvent leurs origines dans les différents affrontements passés. Plus spécifiquement encore, l'effort de

---

[108] Selon les époques : les Etats, les nations, les empires, les royaumes, les tribus, les civilisations.

guerre engendré par les conflits a été, et demeure, un catalyseur majeur d'innovation et d'évolutions technologiques. Il ne s'agit pas ici de louer ou de glorifier la guerre, mais de souligner son caractère déterminant dans la compréhension du monde et de son évolution.

Disparition des héros

Enfin, conjointement à la disparition de l'histoire-bataille, les manuels scolaires font de moins en moins référence à des figures historiques – ou héroïques – permettant d'incarner des valeurs, des concepts. L'incarnation de ce que l'Education nationale, ou la Nation, veut transmettre aux élèves est à mon sens un des moyens les plus importants à utiliser. Les grands Hommes – au sens humain – qui ont fait la Nation, qui ont œuvré individuellement ou collectivement au grand destin du pays permettent de s'identifier, de représenter, d'incarner des valeurs. Je le crois profondément. Comment enseigner la notion de justice sans évoquer Saint Louis, rendant la justice sous son chêne ? Comment enseigner les concepts d'abnégation, de foi, de combativité sans faire mention de Jeanne d'Arc ? Comment ne pas faire de Voltaire le symbole de la liberté d'expression et de l'esprit critique si chers aux yeux des Français ? Louis Pasteur, Pierre et Marie Curie ne sont-ils pas l'incarnation du génie français ? Mais ces grandes figures peuvent être un groupe de personnes : les Poilus, les Munitionnettes incarnent parfaitement le dévouement inconditionnel à leur Nation. Se priver de ces leviers d'apprentissage me semble être une occasion manquée.

De l'importance de l'histoire dans le développement d'un Français.

Considérons le point de vue purement professionnel, la matière histoire-géographie au collège puis au lycée pourrait sembler être l'une des plus inutiles finalement. Hormis quelques exceptions[109], cette matière ne forme pas directement à une profession. « Mais pourquoi doit-on se souvenir ? » écrit Max Gallo[110] avant d'esquisser la réponse suivante : « Parce que nous sommes, dès lors que nous vivons ici, les enfants de ces lieux, de ces arches de pierres poussées jusqu'à nous par le grand vent de la foi. Et que si nous voulons vivre et léguer à notre tour ce qui nous a été transmis, nous devons communier avec cette histoire. Communier, c'est-à-dire connaître avec le cœur et l'esprit ».

Pour exposer les différentes utilités de l'histoire, je vais parler de mon parcours personnel. L'apprentissage de l'histoire s'est inscrit dans l'objectif de comprendre le passé du pays dans lequel je vis. Je me suis rendu compte, que je ne pouvais pas expliquer à un enfant ou à un étranger comment s'est façonnée la France ni même situer les grands événements qui l'ont construite. J'ai initié mon apprentissage avec l'achat d'un tout petit livre (format 8cm x 12cm) intitulé *L'histoire de France* écrit par Hélène de Champchesnel et qui m'a fait me rendre compte que je ne connaissais pas grand-chose à l'histoire de mon pays. J'ai poursuivi avec *100 dates de l'histoire de France* co-écrit par Antoine Auger et Dimitri Casali. C'est en fin de compte avec des livres destinés aux enfants que j'ai fait mes premiers pas dans cet apprentissage, ou plutôt ce rattrapage. L'histoire n'avait alors que très peu d'intérêt pour moi durant mes années collège.

De prime abord, je débuterai classiquement par dire que parcourir l'histoire de France permet de découvrir les événements passés et tenter de les comprendre. Comment est née la France ? De quels peuples est-elle constituée ? Comment les grandes institutions se

---

[109] Enseignant, conservateur de musée, historien, chercheur, journaliste spécialisé ou les métiers du tourisme.
[110] *Le roman des rois*, Max Gallo, édition Fayard, p14.

sont formées ? Cette première phase d'apprentissage permet de poser des grands jalons qui structurent l'histoire du pays.

A première vue, étudier le passé est l'apanage des curieux, des passionnés : c'est sympathique dirons-nous. Mais l'un des plus grands enseignements que m'a conféré l'apprentissage de l'histoire est une meilleure compréhension du monde actuel et la faculté de prise de recul sur celui-ci. « S'il fallait voir seulement en elle un musée de vieilleries intéressantes, les plus vigoureux esprits n'auraient point fait de ces récits leur constante préoccupation » soulignait Victor Duruy. Aussi surprenant que cela puisse paraître et sans y avoir songé initialement, plonger dans le passé m'a fourni un éclairage sans commune mesure sur le monde contemporain. C'est une des forces majeures de la connaissance historique. Marc Bloch dans *Apologie pour l'histoire ou le métier d'historien* ira même plus loin : « L'ignorance du passé ne se borne pas à nuire à la compréhension du présent ; elle compromet, dans le présent, l'action même ». Dans le jargon de l'Inspection bancaire ou plus généralement professionnel, avoir à l'esprit les événements passés permet d'acquérir un « benchmark ». Une belle démonstration de l'importance du passé pour éclairer le présent pourrait être illustrée par les écrits de La Boétie[111] dans son *Discours sur la servitude volontaire[112]* au sein duquel il explique que le peuple est complice de l'oppression qu'il subit du fait de plusieurs facteurs, notamment l'habitude et le manque de connaissances des événements passés. La Boétie écrit que « l'organisation politique semble aller de soi si l'on en n'a pas connu d'autre de notre vivant. Une prise de recul est nécessaire pour se rendre compte de la contingence de la situation actuelle, du fait que d'autres organisations politiques ont existé et existeront, ou en tout cas sont possibles ».

---

[111] Etienne de la Boétie (1530-1563) était un écrivain, philosophe et poète français. Son ouvrage majeur est son *Discours de la servitude volontaire* paru alors qu'il avait 16 ans. Il était également un humaniste érudit et proche ami de Michel de Montaigne, qui a écrit sur lui dans ses *Essais* un chapitre intitulé *De l'amitié.*
[112] Edition Flammarion.

La faculté de prise de recul inhérente à l'histoire s'inscrit dans la théorie de cyclicité. Cette théorie postule que les événements historiques se répètent de manière cyclique suivant des schémas et des dynamiques générales. De nombreux modèles sont proposés, les plus célèbres étant ceux sur les civilisations qui suivent les phases suivantes : croissance, prospérité, déclin puis chute. La civilisation romaine illustre parfaitement cette séquence. La notion de cycle est également omniprésente dans le domaine de l'économie. Les cycles économiques sont parties intégrantes de l'analyse de l'histoire économique et sont parfaitement théorisés[113]. A l'image des civilisations, l'économie – ou les économies – traverse des phases d'expansion, de pic, de crise et de récession. La cyclicité reste de l'ordre du théorique, il serait erroné, voire absurde, de supposer que les événements historiques se répètent à l'identique : autrement, nous serions capables de prédire l'avenir. Toutefois, certaines dynamiques sociales, politiques, organisationnelles, démographiques peuvent trouver échos dans les événements actuels, considérons-les comme des constantes de la cyclicité de l'histoire. La différence avec le passé réside dans le fait que ces constantes s'inscrivent dans des phénomènes variables qui entrent en jeu tels que les technologies, les découvertes, l'évolution des connaissances, le niveau d'éducation des populations et surtout le « vécu populaire », la mémoire collective. Joseph Aloïs Schumpeter[114], que je considère comme l'un des plus grands économistes, a questionné l'utilité d'apprendre l'histoire de l'économie dans son ouvrage *Histoire de l'analyse économique*[115] : « Ne peut-on pas laisser les vieilleries, en toute sécurité, au soin de quelques spécialistes qui leur portent un amour désintéressé ? Il y a bien des arguments en faveur de cette attitude. Mieux vaut certainement mettre au rancart les modes périmées que s'y accrocher indéfiniment. Néanmoins, nous avons des chances de

---

[113] Plusieurs auteurs ont théorisé des cycles économiques de différentes longueurs : le cycle Kitchin (3 à 4 ans), le cycle Juglar (8 à 10 ans), le cycle Kuznets (15 à 25 ans) et le cycle de Kondratiev (40 à 60 ans).
[114] Joseph Aloïs Schumpeter (1883-1950) était un économiste et sociologue autrichien. Il est largement connu pour ses contributions à la théorie économique telles que la « destruction créatrice », le rôle de l'entrepreneur et de l'innovation dans le développement d'une économie ou encore les cycles économiques.
[115] Edition Gallimard, p26.

tirer profit de visites au fourre-tout du passé, à condition de ne pas y séjourner trop longtemps. Les bénéfices que nous pouvons en escompter se répartissent en trois rubriques : avantages pédagogiques, idées nouvelles et aperçus sur les démarches de l'esprit humain ». Les parallèles avec l'étude de l'histoire sont évidents, les constantes seraient les métriques économiques telles que l'évolution du PIB, le taux de chômage, l'inflation et les métriques variables seraient justement les évolutions techniques et technologiques, l'histoire, la diplomatie ou encore les évolutions démographiques.

Outre l'éclairage que peut apporter la connaissance des événements passés sur le présent, je crois que la mission supérieure de la connaissance historique de son pays est de « faire nation », de garantir une certaine unité dans les citoyens. Qu'est-ce qui fait une Nation ? Il s'agit d'un groupe de personnes partageant plusieurs composantes dont l'Histoire, la culture, l'identité, la langue, la religion, les valeurs et, dans la plupart des cas, un territoire commun. Je pense que la principale composante – en plus de la religion – est l'Histoire puisqu'elle restera par définition commune. En d'autres termes, se rattacher à l'histoire d'un pays, en tant que Français en l'occurrence, est garant de l'unité du pays et du sens commun. « Quel espoir y a-t-il d'arriver à la connaissance de ce passé lointain ? Qui nous dira ce que pensaient les hommes dix ou quinze siècles avant notre ère ? Quel souvenir peut nous rester de ces générations qui ne nous ont pas laissé un seul texte écrit ? Heureusement, le passé ne meurt jamais complètement pour l'homme. L'homme peut bien l'oublier, mais il le garde toujours en lui. Car, tel qu'il est lui-même à chaque époque, il est le produit et le résumé de toutes les époques antérieures. S'il descend en son âme, il peut y retrouver et distinguer ces différentes époques d'après ce que chacune d'elles a laissé en lui » disait Fustel de Coulanges[116]. J'estime que les événements historiques s'apparentent à une mémoire commune, à

---

[116] Fustel de Coulanges (1830-1889) était un historien français qui étudia notamment les institutions religieuses, politiques et sociales de la Grèce antique et de Rome. Son travail a eu une grande influence sur la manière dont l'histoire est étudiée et enseignée, en particulier dans le domaine de l'histoire ancienne.

des souvenirs non vécus que nous partageons tous et qui nous rassemblent. Comme si nous serions capables d'être fiers – ou d'avoir honte – de faits, d'actes héroïques que nous n'avons pas accomplis à l'échelle d'une vie. Conséquemment au caractère fédérateur, l'apprentissage de l'histoire développe le sentiment de patriotisme, au sens d'attachement profond au pays, ô combien décrié aujourd'hui. Le manuel[117] du programme de 1957 avait l'introduction suivante : « l'histoire est la route en sens unique qui conduit jusqu'à nos jours et que les jeunes prolongeront tout au long de leur vie. Tout entière, elle est tournée vers l'avenir, selon la volonté des hommes qui se succédèrent dans l'accomplissement de leur effort, comme les porteurs d'un flambeau dans une course de relais. Ce livre décrit une partie de la course et rappelle les témoignages dont les coureurs l'ont jalonnée : monuments, voies de passage, langages, croyances et connaissances. Les hommes de ce temps sont morts : leur civilisation se prolonge, de sorte qu'en l'étudiant on comprend mieux le monde actuel ».

Enfin, étroitement lié au caractère fédérateur et au sentiment patriotique, l'apprentissage de l'histoire est le chemin sans retour vers le sens du devoir et des responsabilités. *Nanos gigantum umeris insidentes,* nous sommes « des nains sur des épaules de géants » disait Bernard de Chartres. Mes épaules sont jusqu'alors bien trop étroites, écrasées par le poids des responsabilités qui dorénavant nous incombent, pour y accueillir qui que ce soit.

Je n'ai pas la prétention d'avoir acquis les facultés qu'apportent l'histoire décrites juste avant, mais l'étude de cette science m'a permis de les identifier et de commencer à me les approprier. Finalement, pour reprendre les mots du début, l'apprentissage de l'histoire ne permet pas de se former à une profession mais s'apparente davantage à une quête anthropologique. Pour Franck Ferrand[118], « Derrière l'évolution des décors, des cadres, des mentalités et de la technologie, l'humain lui reste le même, l'être humain, avec ses réflexes, ses haines et ses amours, ses jalousies et ses élans de générosité, l'être humain reste toujours le même :

---

[117] Collection Reinhard.
[118] Vidéo Youtube - #13 Entretien avec Franck FERRAND – Les Éveilleurs.

qu'on soit au Vème siècle avant notre ère ou aujourd'hui au XXIème siècle : c'est le même être humain. Et l'histoire n'est dès lors qu'un gigantesque réservoir d'expériences humaines [...], c'est chercher à se rapprocher de l'éternel humain ».

L'histoire comme vecteur d'intégration.

L'intégration est devenue un sujet de plus en plus prédominant dans le débat public et a pénétré les schémas de production des programmes scolaires. Dans le chapitre III relatif à l'évolution du processus d'élaboration des programmes, nous avions vu que cette thématique avait été mise sur la table quelques années après le regroupement familial[119] avec le rapport Girault dès 1983. C'est indéniablement un sujet clé et l'histoire-géographie a été identifiée, à juste titre, comme l'un des leviers permettant l'intégration des personnes d'origine immigrée. Indépendamment de la responsabilité des parties prenantes, et ce n'est pas l'endroit pour en parler, nombre de personnes issues de l'immigration ont toujours du mal à s'intégrer et à adhérer à la Nation.

La volonté de prendre en compte l'évolution démographique contemporaine de la France s'est manifestée dans les manuels scolaires dès les années 1990 *via* deux principaux éléments (*cf.* chapitre I) : l'augmentation du volume d'apprentissage des royaumes africains et l'insertion de parties dédiées au phénomène migratoire en France dans les programmes de troisième. René Girault dans son rapport expliquait page 77 : « Dépasser le champ de l'histoire et de la géographie pour faire comprendre l'importance de la civilisation et de l'histoire des autres, afin d'éveiller l'esprit de tolérance chez tous les enfants, tout en répondant aux éventuelles interrogations que les enfants des populations récemment immigrées peuvent poser sur leur passé ou sur leur pays d'origine ».

Je rejoins les concepteurs des programmes dans l'identification de l'histoire-géographie comme excellent moyen d'intégration. A première vue, l'objectif est tout à fait louable, voire honorable. Toutefois, je crois que les méthodes employées ainsi que l'évolution des programmes (*cf.* chapitre I) ne sont pas les plus appropriées, voire contre-productives. En effet, l'intégration de

---

[119] Voté en 1976 sous la présidence de Valery Giscard d'Estaing. Il permet à un ressortissant étranger régulièrement installé en France d'être rejoint par les membres de sa famille.

l'enseignement des civilisations lointaines sont tout à fait intéressantes, l'Empire du Mali, l'Inde, la Chine des Han, l'Empire du Monomotapa (du Grand Zimbabwe), etc. regorgent de récits, néanmoins le débat reste le même : tout est question de sélection. Tout apprentissage supplémentaire entraîne la diminution – ou la disparition dans les pires cas – d'autres apprentissages, qui peuvent être fondamentaux à mes yeux. Outre l'intégration de ces royaumes et civilisations, il y a eu parallèlement l'augmentation de passages liés aux moments « sombres » de l'histoire de France : l'esclavage avec la traite transatlantique ou encore les colonisations (*cf.* chapitres I et II). Ces augmentations aussi ont engendré des diminutions d'autres passages, encore une fois fondamentaux. L'enseignement de ces passages doivent évidemment figurer au programme et être enseignés, cependant, les exalter ou les mettre significativement en avant, et notamment au détriment d'autres passages sont à mon sens une erreur. Ces moyens n'engendrent pas l'intégration, mais peuvent générer un certain dégoût, une certaine haine de la France, présente chez nombre de personnes d'origine immigrée. J'irai même plus loin, certains Français qui ne sont pas issus d'une immigration récente, ont développé une aversion pour leur propre pays, et je pense que les programmes scolaires en sont partiellement responsables. Nous verrons juste après que d'autres dynamiques ont entraîné ce rejet de la France. Finalement est-ce que l'intégration de l'Empire du Mali au détriment des Mérovingiens (le vase de Soissons, la bataille de Tolbiac et le baptême de Clovis) sont réellement source d'intégration pour les populations d'origine immigrée ? Je pense que c'est même l'inverse. Et d'ailleurs, intégrer toutes les civilisations des populations d'origine immigrée serait une aberration : prenons les origines des populations immigrées supérieures à 1,5% de la population en France[120] en 2021. Selon ce raisonnement, il s'agirait d'intégrer au programme d'histoire les civilisations suivantes : Maroc, Algérie, Tunisie, Côte d'Ivoire, Sénégal, Cameroun, Afghanistan, Liban, Chine, Turquie, Brésil et Haïti. Les programmes d'histoire risqueraient d'être longs.

---

[120] INSEE – Origine géographique des immigrés et des étrangers arrivés en France, données annuelles 2021.

Par-dessus tout, la fonction fédératrice de l'histoire à l'intention des populations issues de l'immigration, mais également à l'ensemble des citoyens, rejoint ce que j'ai mentionné précédemment. Elle implique l'acquisition des connaissances du pays dans lequel ces populations arrivent, ce qui constitue une fondation incontournable. Une telle acquisition facilite l'identification des valeurs et des idéaux nationaux. De plus, l'histoire joue un rôle significatif dans l'intégration civique. Au-delà de l'accès à l'emploi, l'histoire enseigne, avec l'EMC, les droits et les devoirs de chaque citoyen français et aide à la compréhension de l'environnement politique et juridique du pays.

L'apprentissage, voire l'adhésion, à l'histoire du pays permet à ses habitants, nouvellement arrivés comme aux vieilles pierres, de faire Nation, le fameux « vivre ensemble » si souvent martelé aujourd'hui. Cette adhésion, loin d'effacer tout attachement aux racines de pays lointains, loin d'entraver le droit et même le devoir de défendre les cultures d'origine des populations immigrées, a cette vocation fédératrice, si précieuse à un pays.

Regards sur l'histoire dans l'espace public.

Bon nombre connaissent le mot « lapalissade[121] » comme un truisme, une tautologie, c'est entré dans le langage courant. Mais d'où provient ce mot ? Lapalisse ou La Palice, est une ville située dans le Bourbonnais où vécu Jacques II de Chabannes de La Palice (1470-1525), maréchal de France entre la fin du Moyen Âge et le début de la Renaissance. Mais comment le nom d'un maréchal de France a pu devenir une figure stylistique française ? L'histoire est la suivante : Jacques II de La Palice est mort à la suite de la bataille de Pavie en 1525, assassiné par ses adversaires alors qu'il était prisonnier. Une chanson populaire fut composée pour son retour, avec les paroles suivantes :

- Hélas ! La Palice est mort,
- Il est mort devant Pavie.
- Hélas ! S'il n'était pas mort,
- Il ferait encore envie.

Cependant, à travers les années et diverses erreurs de transcription, le dernier vers a été mal interprété et transformé bien plus tard en « Il serait encore en vie », le « f » et le « s » étant à l'époque deux graphies très proches visuellement. Ce dernier vers, qui énonce une évidence absolue, a donné naissance à l'expression « lapalissade » qui, dans le langage courant désigne une vérité d'évidence, une tautologie. Aujourd'hui, on retrouve encore cette phrase déformée en « Un quart d'heure avant sa mort, il était encore en vie ».

En fin de compte, ce qu'on retient de Jacques II de Chabannes de La Palice, à l'image de Dagobert dont on ne retient que sa culotte, n'est pas le fait qu'il fut l'un des plus grands chefs de guerre de l'histoire de France, qu'il ait servi successivement trois rois – Charles VIII, Louis XII et François Ier –, qu'il fut un proche compagnon d'armes et ami de Bayard, qu'il fut chevalier de l'Ordre du roi, Gouverneur de Milan, Maréchal de France, qu'il remporta de grandes batailles telles qu'Agnadel ou Marignan. Ce qu'aujourd'hui nous retenons de lui est la « lapalissade », quelque

---

[121] Ou « Vérité de La Palice ».

chose de ridicule, risible. André Gervais, qui écrit une biographie de Jacques II intitulée *Au pays de Monsieur de La Palice* aura les mots suivants : « Chez nous le ridicule tue, et nous en sommes très fiers […]. Et je sais bien que contre la légende l'histoire ne pourra prévaloir. Cette histoire est de tous les temps, y compris le nôtre ; et songez à la destinée d'autres héros méconnus, payés eux aussi d'indifférence, d'ingratitude, ou pire encore, par le pays que leurs souffrances et leur mort ont sauvé… ». Il met le doigt dès 1933 sur l'ingratitude vis-à-vis de ceux qui ont fait l'histoire et surtout, il déplore la supériorité du récit « populaire » face aux faits historiques. C'est ce que je souhaite développer dans cette dernière partie.

L'histoire n'est pas exclusive aux salles de classe ou aux pages de vieux grimoires : elle vit et respire dans l'espace public. Elle se manifeste sous diverses formes à l'image des productions artistiques (cinéma, peinture, littérature), des commémorations, de l'architecture, des monuments, du langage mais aussi des débats publics. Le récit populaire est constitué des références ou utilisations de l'histoire dans les discussions courantes et dans l'espace médiatique. Pour aller plus loin, l'histoire dans l'espace public est bien plus qu'une simple évocation du passé, elle est le reflet de la manière dont une société comprend, commémore et, dans une certaine mesure, utilise son passé pour forger son avenir. Une compréhension nuancée et critique de l'histoire est aujourd'hui plus essentielle que jamais. Alors que nous continuons à débattre et à décider de la manière dont l'histoire doit être représentée et enseignée, il est crucial de garder à l'esprit son rôle vital en tant que guide, miroir et, parfois, avertissement.

Qu'entend-on par « espace public » et « récits populaires » ? Prenons l'exemple du Moyen Âge, parfaite illustration d'une dichotomie entre son utilisation courante et sa réalité historique. Nous avons tous entendu, voire utilisé, les expressions telles que « on n'est plus au Moyen Age » ou « c'est moyenâgeux ». Toutes les références au Moyen Âge sont quasiment exclusivement péjoratives. Même le terme « moyen » de Moyen Âge ne donne pas une bonne image de la période qui appelle inconsciemment l'imaginaire à des périodes sombres, d'obscurantisme, où la violence et l'ignorance régnaient. Cette vaste période de dix siècles regroupe en réalité plusieurs périodes distinctes : le haut Moyen Âge mérovingien n'a que très peu à voir avec le bas Moyen Âge des Valois. Cette vision de la période a notamment été façonnée par la rupture avec la période suivante qu'est la Renaissance. Et pourtant, la période du Moyen Âge a été une période de changements significatifs et de progrès, connaissant des développements majeurs. Par exemple, on parle de « renaissance carolingienne » (*cf.* chapitre II), caractérisée par la résurgence de l'art, de la musique, de la poésie et de la littérature, ainsi qu'une redécouverte de la philosophie et des sciences de l'Antiquité.

Les illustrations des évolutions et du développement du Moyen Âge sont multiples : la philosophie avec Pierre Abélard ou Saint-Thomas d'Aquin de l'autre côté des Alpes, l'art avec l'enluminure des manuscrits et les chansons de geste, l'architecture avec la naissance du style architectural gothique – français devrait-on dire – avec ses voûtes en ogives, ses arcs-boutants et ses vitraux qui ont eu une résonnance sur l'ensemble du globe, la technologie avec les avancées dans la navigation ou dans l'artillerie naissante à la fin du Moyen Âge. Paul Bairoch, historien économiste dans son ouvrage *Victoire et déboires* décrit une « révolution économique médiévale » qui voit sa population doubler entre 1000 et 1300, connaît des évolutions agricoles, techniques, économiques, dans les transports, dans l'éducation, etc. J'invite ceux qui souhaiteraient aller un peu plus loin à se rendre sur le site de l'INRAP[122] dans la rubrique « Les idées reçues sur le Moyen Âge » où tous les clichés sur la période tels que « les serfs étaient des paysans esclaves », « les femmes restaient à la maison » ou encore « c'était bouillie pour les pauvres et viande pour les riches » sont « débunkées » comme on dit de nos jours.

En fait, la représentation contemporaine du Moyen Âge ou la méconnaissance à ce sujet n'a pas d'impact considérable sur la vie quotidienne des Français. Néanmoins, l'apprentissage totalement idéologisé et biaisé de l'histoire affecte insidieusement leur vie et la perception de leur pays. Les réseaux sociaux et les médias

---

[122] Institut National de Recherches en Archéologie Préventive.

numériques de masse qui s'y trouvent constituent une des principales sources d'informations consommée par les jeunes Français. Ils sont constituants du fameux « récit populaire » fabriqué de l'histoire de France qui alimente la culture historique des Français (*cf.* chapitre IV sur les résultats de l'enquête). De la même manière qu'un média présentant uniquement l'histoire de la France de manière glorifiée, une sorte de « roman national » exacerbé, pourrait être critiquable, les médias existants ayant pour objectif d'exposer uniquement les faits les plus « sombres » ont des effets dévastateurs. Ils font naître et développent chez ceux qui les écoutent, sans souvent s'informer autre part ou vérifier les informations avec des sources sérieuses, une aversion totale pour la France. Pourtant, ces médias disposent d'une très vaste audience qui peut atteindre des millions d'abonnés et trouvent échos chez une large population jeune. Il m'arrive fréquemment de voir d'anciens camarades ou amis, même hautement diplômés, relayer leurs publications sur l'histoire.

Conclusion

L'apprentissage de l'histoire n'est pas qu'une simple expédition dans le passé, c'est la découverte des racines d'un pays et d'une identité. Une quête de compréhension qui permet finalement de bâtir un avenir plus éclairé. Tandis que la manière d'enseigner l'histoire a significativement évolué, avec des priorités et des objectifs changeants, l'essence même de sa valeur demeure intangible. Enseigner l'histoire, c'est dispenser un terreau fertile aux futures – et actuelles – générations pour comprendre le monde et y jouer un rôle actif. Au sein d'un espace mondialisé, qui parfois efface les particularités des identités, il est primordial de conserver à l'esprit les racines, de reconnaître la complexité des faits passés et d'en apprécier les leçons qu'ils nous ont léguées.

Continuellement d'actualité, l'histoire restera une source inextinguible d'inspiration, d'innovation et de résilience. Tandis que les pédagogies évolueront, la discipline perdurera, comme un incessant rappel de la valeur de la connaissance et l'importance de la perspective. Il appartient aux professeurs, mais aussi à chaque Français, de porter ce lourd fardeau de la transmission, non seulement avec fidélité, mais avec toute la passion que cette discipline suscite.

GLOSSAIRE

APHG : Association des Professeurs d'Histoire et de Géographie
BEPC : Brevet d'Etudes du Premier Cycle du second degré
CEG : Cours d'Enseignement Général
CES : Cours d'Enseignement Secondaire
CSEN : Conseil Supérieur de l'Education Nationale
CESE : Conseil Economique Social et Environnemental
CNP : Conseil National des Programmes
COPREHG : Commission Permanente de Réflexion sur l'Enseignement
de l'Histoire et de la Géographie
CSE : Conseil Supérieur de l'Education
CSP : Conseil Supérieur des Programmes
DGESCO : Direction Générale de l'Enseignement
DLC : Direction des Lycées et Collèges
EMC : Education Morale et Civique
EPI : Enseignements Pratiques Interdisciplinaires
EPS : Education Physique et Sportive
GTD : Groupes Techniques Disciplinaires
HCE : Haut Conseil de l'Education
IFE : Institut Français de l'Education
IGEN : Inspection Générale de l'Education Nationale
IGIP : Inspection Générale de l'Instruction Publique
IPN : Institut Pédagogique National
IVG : Interruption Volontaire de Grossesse
PIB : Produit Intérieur Brut
SEGPA : Section d'Enseignement Général et Professionnel Adapté
SNES : Syndicat National des Enseignants du Second degré
SPHG : Société des Professeurs de l'Education nationale

ANNEXES

Annexe A : Citations sur l'histoire

« Parce qu'un homme sans mémoire est un homme sans vie, un peuple sans mémoire est un peuple sans avenir ».

Ferdinand Foch

« Quand le passé n'éclaire plus l'avenir, l'esprit marche dans les ténèbres ».

Alexis de Tocqueville

« L'histoire stimule les timides en leur faisant voir les nécessités impérieuses des choses, et elle calme les impatients en leur prouvant que rien de durable ne s'improvise, et qu'il faut en tout l'aide du temps, ce puissant maître, comme dit un des nôtres, le vieil Eschyle ».

Victor Duruy

« Vous avez vu votre Empereur partager avec vous vos périls et vos fatigues, je veux aussi que vous veniez le voir entouré de la grandeur et de la splendeur qui appartiennent au souverain du premier peuple de l'univers ».

Napoléon Bonaparte dans l'ouvrage *Discours de guerre* de Jacques-Olivier Boudon

Clovis à Ragnachaire[123] « Pourquoi as-tu humilié notre lignée en permettant qu'on te vainque ? N'aurait-il mieux pas valu que tu meures ? ». Et levant sa hache bipenne, il la lui enfonça dans la tête, et il mourut. Puis se tournant vers son frère, Clovis lui dit : « Si tu avais apporté ton aide à ton frère, il n'aurait jamais été ainsi ligoté ». Et, de la même façon, il le tua en lui enfonçant dans la tête, et il mourut.

Liber Historiae Francorum

« En fait, la puissance des Francs demeurait suspecte aux Romains et aux Grecs. D'où ce proverbe grec, qui existe toujours : « Aie la France pour ami, et non pour voisin » ».

Vita Karoli, Eginhard

« Quand, fidèle à l'égalité dont on est si fier en France, tandis que la liberté est une affaire de caprice ; fidèle, dis-je, à l'égalité non qui abaisse mais qui élève, j'ai permis à chacun d'arriver à tout, de partout, sans pouvoir dire à celui qui vient derrière « Tu ne monteras pas plus haut ! » J'ai fait une chose populaire parce qu'elle consacrait l'égalité du départ : talent, courage et fortune décide du reste ».

Napoléon Bonaparte au Conseil d'Etat. Propos rapportés dans l'ouvrage *Le grand atlas de Napoléon* de Jean Tulard

« Les serfs appartiennent à Jésus-Christ comme nous, et dans un royaume chrétien, nous ne devons pas oublier qu'ils sont nos frères ».

---

[123] Roi des Francs à Cambrai et cousin de Clovis.

Saint Louis. Propos rapportés dans l'ouvrage *Le romain des rois* de
Max Gallo

« Que celui qui ne se sent pas le cœur de courir les dangers de la
campagne sorte des rangs sans crainte, mais aussi que l'on sache
que tout homme qui fuira devant l'ennemi sera puni de mort sans
miséricorde ».

Bertrand Du Guesclin, Connétable de France, Alexandre Mazat

« De toutes les grandes émotions qui agitent le cœur humain dans
le tumulte de la guerre, aucune, nous l'avouerons, n'est aussi
puissante et aussi constante que l'aspiration de l'âme vers la gloire
et l'honneur ».

De la guerre, Carl Von Clauswitz

« Les communistes se refusent à dissimuler leurs opinions et leurs
intentions. Ils déclarent ouvertement que leurs fins ne peuvent être
atteintes que grâce au renversement par la violence de tout ordre
social du passé. Que les classes dominantes tremblent devant une
révolution communiste. Les prolétaires n'ont rien à y perdre que
leurs chaînes. Ils ont un monde à gagner.
PROLETAIRES DE TOUS LES PAYS, UNISSEZ-VOUS ».

Manifeste du parti communiste, Karl Marx

Il avait maintenant 45 ans. Couvert de gloire et d'honneurs,
maintes fois blessé au service des deux rois précédents, il aurait pu
légitimement faire place aux jeunes, et, nanti de quelque bon
gouvernement de province, s'abandonner aux douceurs de sa
seconde lune de miel. Mais « c'était toute sa vie que la guerre ».

Au pays de Monsieur de La Palice, André Gervais

« L'honneur ou le déshonneur de la guerre, poursuivit
sentencieusement le maréchal, ne se détermine par rien autre que
par la victoire. C'est à elle que tout grand capitaine doit penser
toujours. Si cela touche de lever le siège et n'y être persévérant,

c'est bien plus grand'folie à un grand capitaine de s'obstiner sous un faux prétexte de constance, et d'aller sous couleur de gloire au-devant de la défaite et du déshonneur ».

Au pays de Monsieur de La Palice, André Gervais

« Plutôt que de se plaindre de l'inculture d'aujourd'hui, faisons nôtre la vraie culture du beau, du vrai et du juste. La culture des quinze siècles d'histoire légués par mes aïeux dont la France peut être fière et que nous avons tous le devoir de transmettre ».

Louis de Bourbon (ou Louis XX), duc d'Anjou, prétendant légitimiste au trône de France

Source : livres.

Annexe B : Liste chronologique des présidents de la République et des ministres de l'Education nationale

Date	Président de la République	Ministre de l'Education nationale
1945	GPRF (1)	René Capitant puis Paul Giacobbi
1946		Marcel-Edmond Naegelen
1947		
1948	Vincent Auriol	E. Depreux puis Y. Delbos puis M. Tony-Révillon
1949		Yvon Delbos
1950		André Morice
1951		Pierre-Olivier Lapie
1952		André Marie
1953		
1954	René Coty	
1955		Jean Berthoin
1956		René Billères
1957		
1958		Jacques Bordeneuve puis Jean Berthoin
1959	Charles de Gaulle	André Boulloche
1960		Louis Joxe
1961		Lucien Paye
1962		Pierre Sudreau puis Christian Fouchet
1963		Christian Fouchet
1964		
1965		
1966		
1967		Alain Peyrefitte
1968		François-Xavier Ortoli puis Edgar Faure
1969	Georges Pompidou	Olivier Guichard
1970		
1971		
1972		Joseph Fontanet
1973		

Date	Président de la République	Ministre de l'Education nationale
1974	Valéry Giscard d'Estaing	René Haby
1975		
1976		
1977		
1978		Christian Beullac
1979		
1980		
1981	François Mitterrand	Alain Savary
1982		
1983		
1984		Jean-Pierre Chevènement
1985		
1986		René Monory
1987		
1988		Lionel Jospin
1989		
1990		
1991		
1992		Jack Lang
1993		François Bayrou
1994		
1995	Jacques Chirac	
1996		
1997		Claude Allègre
1998		
1999		
2000		Jack Lang
2001		
2002		Luc Ferry
2003		
2004		François Fillon
2005		Gilles de Robien
2006		

Date	Président de la République	Ministre de l'Education nationale
2007	Nicolas Sarkozy	Xavier Darcos
2008		
2009		Luc Chatel
2010		
2011		
2012	François Hollande	Vincent Peillon
2013		
2014		Benoît Hamon
2015		
2016		Najat Vallaud-Belkacem
2017	Emmanuel Macron	Jean-Michel Blanquer
2018		
2019		
2020		
2021		
2022		Pap Ndiaye
2023		Gabriel Attal

(1) Gouvernement Provisoire de la République Française.

Annexe C : Organigramme du Ministère de l'Education nationale

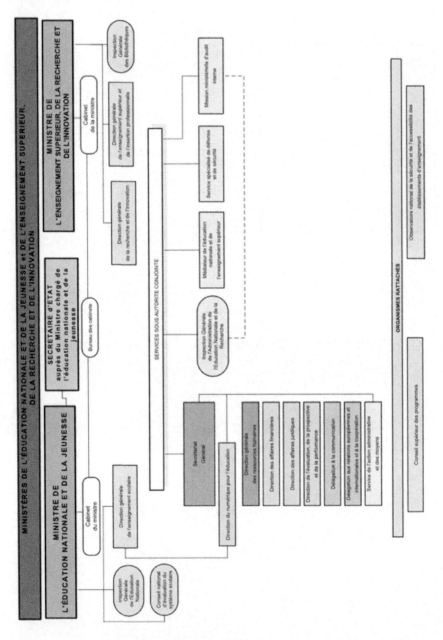

Source : Site de l'Education nationale.

Annexe D : Questionnaire sur l'histoire de France

Remarque préliminaire : ce questionnaire a pour objectif d'évaluer votre connaissance sur certains repères structurants de l'histoire de France[124]. Il s'inscrit dans le cadre d'une étude réalisée ayant pour objet l'historiographie de l'apprentissage de l'histoire de France au collège depuis la libération jusqu'à nos jours.

Nom & Prénom :

Etudes dans un collège public/privé :

Date de naissance :

Niveau d'études :

Profession :

Intérêt pour l'histoire de 1 à 5 :

---

[124] Est considérée ici « France » comme l'espace géographique de la France actuelle.

PREMIERE PARTIE : EVENEMENT – DATES

L'objectif de la première partie est de trouver la date, à savoir l'année, correspondant à l'événement historique indiqué.

Pour les personnages*, indiquez n'importe quelle date durant laquelle le personnage a vécu. Complétez l'ensemble des 15 questions.

Bataille de Bouvines	Edit de Nantes	Prise de la bastille *JJ/MM/AAAA*
Bataille d'Alésia	Sacre de Napoléon Ier	Baptême de Clovis
Dagobert*	Deuxième Guerre Mondiale *Début et fin*	Bataille de Verdun
Guerre de Cent Ans *Début et fin*	Philippe Auguste*	Guillaume le Conquérant*
Avènement d'Hugues Capet	La Commune	Sacre de Charlemagne

DEUXIÈME PARTIE : DATES – EVENEMENT

L'objectif de la deuxième partie est d'indiquer l'événement historique, ou le cas échéant, le personnage, correspondant aux dates indiquées. Complétez l'ensemble des 15 questions.

1808 – 1852 – 1873 *Naissance – Sacre – Mort*	1572	11 novembre 1918
1515 *Bataille*	1905	1095-1099
26 août 1789	1870-1871 *Guerre*	27 avril 1848
1830-1848	1412-1431 *Naissance – Mort*	18 juin 1940
1638 – 1654 – 1715 *Naissance – Sacre – Mort*	732 *Bataille*	1214 – 1226 – 1270 *Naissance – Sacre – Mort*

TROISIÈME PARTIE : QUESTIONS OUVERTES

L'objectif de la troisième partie est de répondre succinctement aux questions ci-dessous.

Citez trois personnages célèbres de la Révolution française	
Qu'est-ce que l'Edit de Nantes ?	
Définissez en quelques lignes les Croisades	
Citez trois maréchaux, connétables ou chevaliers connus dans l'histoire de France	
Citez trois batailles napoléoniennes	
Qu'est-ce que le Front Populaire ?	

Quelles sont les trois grandes dynasties royales dans l'histoire de France ?	
Qui a remporté la Guerre de Cent Ans ?	
Citez trois personnages de la IIIème République ou de la Commune	
Citez trois régentes ou reines de l'histoire de France	

Annexe E : Latitudes

Sont présentées les latitudes aux réponses de la première partie du questionnaire (*cf.* annexe D).

Evénement/personnage	Borne basse	Réponse exacte	Borne haute
Bataille de Bouvines	1164	1214	1264
Edit de Nantes	1593	1598	1603
Prise de la bastille	Pas de latitude		
Bataille d'Alésia	- 100	- 52	0
Sacre de Napoléon Ier	1789	1804	1820
Baptême de Clovis	450	496-500	550
Dagobert	550	602-639	690
Seconde Guerre mondiale	Pas de latitude		
Bataille de Verdun	Pas de latitude		
Guerre de Cent Ans	1300	1337-1453	1500
Philippe Auguste	1115	1165-1223	1273
Guillaume le Conquérant	977	1027-1087	1137
Avènement d'Hugues Capet	967	987	1007
La Commune	1861	1871	1881
Sacre de Charlemagne	780	800	820

Source : travaux Alexis Grimaud.

À PROPOS DE L'AUTEUR

Originaire de la région parisienne, Alexis Grimaud a entrepris un parcours académique marqué par deux années en classe préparatoire et une formation en école de commerce. Fort de plus de cinq années d'expérience dans le domaine de l'Inspection générale bancaire et la finance, il a acquis une expertise dans ce domaine.

Au fil du temps, il développe un goût pour l'Histoire et il a remarqué que de nombreux historiens expriment des préoccupations quant à l'appauvrissement des connaissances historiques. Alexis a alors revêtu son costume d'inspecteur pour analyser de manière rationnelle et factuelle cette évolution, en s'appuyant sur des données chiffrées et une approche méthodologique qui lui tiennent particulièrement à cœur.